OKUTÁ

A PEDRA SAGRADA QUE ENCANTA ORIXÁ

Pai Cido de Oxum Eyin

OKUTÁ

A PEDRA SAGRADA QUE ENCANTA ORIXÁ

Colaboração:
André Mantovanni

ALFABETO

Publicado em 2014 pela Editora Alfabeto

Supervisão geral: Edmilson Duran
Colaboração e organização: André Mantovanni
Pesquisador assistente: Petronio Tales
Capa e diagramação: Décio Lopes
Revisão de texto: Vera Lucia da Costa
Fotos da capa, págs. 06, 34, 46 e 53: Javert de Menezes
Demais fotos: Arquivo pessoal de Pai Cido de Oxum Eyin

DADOS INTERNACIONAIS DE CATALOGAÇÃO NA PUBLICAÇÃO (CIP)
(CÂMARA BRASILEIRA DO LIVRO, SP, BRASIL)

Eyin, Pai Cido de Oxum

Okutá – A Pedra Sagrada que Encanta Orixá / Pai Cido de Oxum
Eyin – 2ª edição – São Paulo. Editora Alfabeto, 2021.

ISBN: 978-85-98307-14-5

1. Religião Africana 2. Candomblé I. Título

EDITORA ALFABETO
Rua Protocolo, 394 | CEP 04254-030 | São Paulo/SP
Tel: (11)2351-4720 | E-mail: editorial@editoraalfabeto.com.br
www.editoraalfabeto.com.br

Com o mesmo respeito que sempre tive aos mais velhos, reverencio aos que farão o Candomblé do amanhã. Este livro é dedicado com amor à minha filha Gabriela Beck (Mãe Gabriela de Ewá Yalaxé) e ao meu neto Guilherme Beck Vitoretti, águas da minha nascente. A continuidade da minha história, do meu rio.

Pai Cido de Oxum Eyin

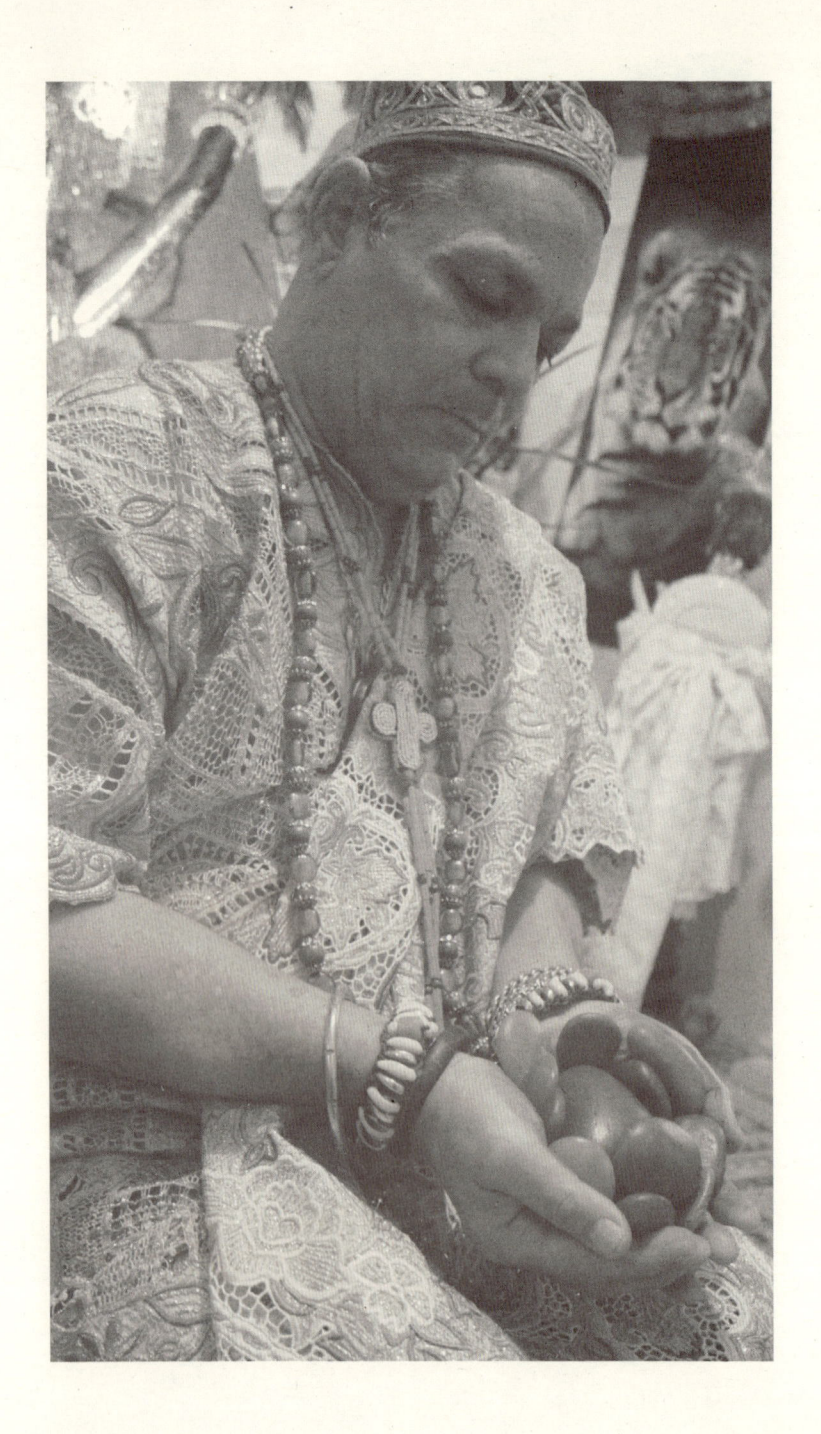

Okutá, a pedra sagrada que encanta orixá!

O Candomblé é uma religião que cultua o axé (força vital) presente na natureza e nos deuses que guardam seus domínios água, terra, fogo e ar.

Buscamos esse axé para ser mais feliz, para ter boa saúde, equilíbrio, amor, bons amigos, boas estradas e paz interior. Todo o restante é consequência e merecimento.

Poucos sabem que por reverenciarmos a natureza, nossa ligação com os Orixás se faz através da própria natureza que fornece seus elementos para essa ligação Orun (céu) e Aiê (terra).

Uma delas e primordial são os Okutás (ou Otás) pedras, normalmente, encontradas em rios de água limpa e cristalina que têm o poder de encantar as divindades e os Orixás.

Esses Okutás ganham vida sagrada depois de vários preceitos e rituais no processo de iniciação e são responsáveis por guardar o axé do nosso destino, e a partir do momento em que deixam de ser pedras se tornam Orixás.

O Okutá é a pedra fundamental, início de tudo e a certeza da continuidade de nossa jornada espiritual.

Uma Casa de Candomblé não se faz sem seus devotos e iniciados. Alegra-me saber que nesses 40 anos de caminhada nunca estive só, pois entre idas e vindas, acertos e enganos minha comunidade permanece viva, unida e em busca do axé, da força do Orixá.
Obrigado aos meus filhos que fazem minha casa crescer no amor de Oxun.
Em especial, à Valéria Beck dos Reis (Yakekerê – Valéria de Iansã) e ao Ricardo Veiga Neto (Babakekerê – Ricardo de Xangô) pela fidelidade, companheirismo e dedicação ao nosso Ilê.

Pai Cido de Oxum Eyin

SUMÁRIO

O ENCONTRO DAS ÁGUAS

Perto de muita água tudo é feliz!
(Guimarães Rosa)

Conheço Pai Cido há aproximadamente 12 anos, quando participávamos ao vivo de um programa na TV Bandeirantes. Durante todo esse tempo, volta e meia nos encontrávamos nos corredores de várias emissoras de televisão, e nos bastidores sempre era uma festa, uma alegria sem tamanho que se estendeu para sua casa de Candomblé. Além de filho espiritual, iniciado em seu Axé, respeito-o não só como sacerdote, mas também como um pai, um amigo.

Falar de Pai Cido, conviver com ele é como estar nas águas claras de um rio que nunca para de correr. Não cabe nas mãos, só no coração: água abundante, água feliz, água de nascente, água de sabedoria, água de beber, água de Oxum. Pai Cido é assim, por onde passa espalha seu axé e esbanja sua alegria sem perder a seriedade e o respeito com que leva seu ofício – o sacerdócio.

Contam os mitos iorubas, que meu Orixá foi para o fundo das águas de um imenso rio por amor a Oxum e de lá nunca mais saiu. Por isso, acredito que essa foi a vontade de Oxóssi, meu grande e nobre caçador e por isso é que faço cumprir seu desejo descansando tranquilo no colo de Oxum. Mais do que isso, na sabedoria de Pai Cido, que traz consigo generosidade, respeito, amor e integridade que me emocionam. Em nossas longas conversas, ouço histórias incríveis, momentos lindos e dores que muitos sacerdotes por orgulho, medo, vaidade ou vergonha não falariam jamais por pura prepotência. Pai Cido não tem medo de dizer o que pensa e sua bondade permite ensinar aos mais novos, por isso hoje é um dos Babalorixás mais respeitados no Brasil, provando que fora da Bahia, berço de nossa religião, também há Candomblé e dos bons.

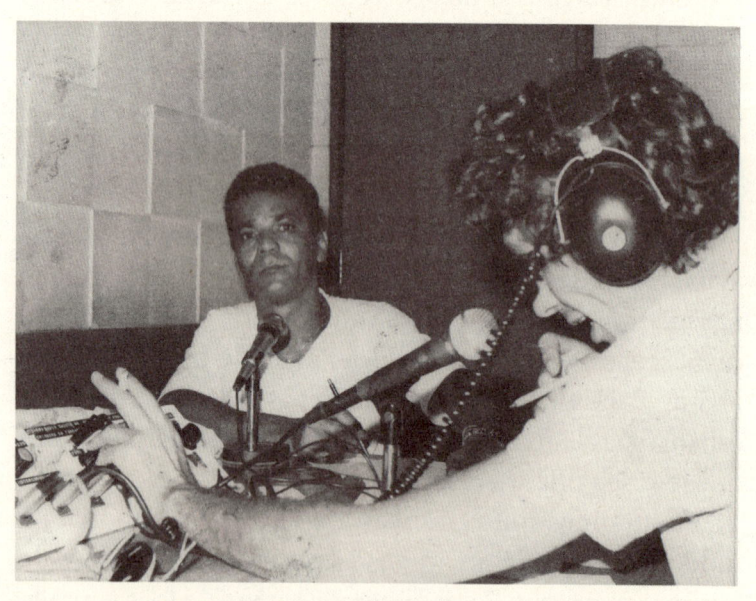

Pai Cido com Dárcio Campos -Radio Gazeta AM (1980)

Já escreveu livros, revistas, gravou lindos discos com cantigas para os Orixás, num tempo em que muitos Babalorixás e Yalorixás jamais ousariam fazer. Sempre pioneiro, à frente de seu tempo e preocupado em preservar um legado antigo para as gerações futuras participou de inúmeros programas de rádio, televisão e internet, foi entrevistado em jornais de grande importância, protagonizou documentários, recebe com disposição estudantes de universidades que se ocupam em pesquisar a religião e sempre que pode, afirma: "Não quero fazer Candomblé, quero fazer história"! Por esses e outros motivos nobres é que abracei o grande desafio de colaborar para que este livro faça parte da comemoração dos 40 anos de iniciação de Pai Cido, no Candomblé. Para mim, uma honra e uma alegria, ter acesso a tanto conhecimento: seus livros, anotações antigas, depoimentos emocionados, ou seja, um encontro das águas mais profundas de um rio inesgotável que escoa do Ile Dara Axé Oxum Eyin para o mundo.

Sua bênção, Pai Cido! Nada será tão grande para demonstrar minha gratidão ao seu caminho que tanto honro. Que Oxum e Oxóssi nos protejam sempre!

Mojubá!

André Mantovanni

Espiritualista, escritor, apresentador de Rádio e TV,
Mestre em Literatura e Crítica Literária (PUC-SP)
– Iniciado em Oxóssi e Alajopá do Ilê Dara Axé Oxum Eyin.

Nota ao leitor

A língua ioruba é de extrema importância dentro do Candomblé. Os iniciados devem saber as palavras e as pronúncias corretas, pois são utilizadas em cânticos e em rezas, e caso sejam ditas incorretamente, podem comprometer o resultado de determinado ritual. Esse conceito é seguido dentro das principais nações de Candomblé.

Todo conhecimento dentro do Candomblé foi e continua sendo transmitido através da oralidade, como ocorre em várias tradições baseadas em sabedoria ancestral.

Contudo, hoje, já temos uma literatura considerável (livros, revistas, pesquisas nas grandes universidades do Brasil e de diversas partes do mundo) e cada autor escolhe reproduzir ou não as palavras em ioruba.

Como língua, o ioruba possui particularidades fonéticas que, quando inseridas dentro de um texto em português, dificultam em muito o entendimento para os leitores leigos, que desconhecem a religião. Nesta obra, optamos por utilizar os termos já aportuguesados, pois não se trata de um livro litúrgico.

OKUTÁ é um livro de informação e de esclarecimentos sobre o Candomblé, que pode chegar às mãos tanto de pessoas extremamente conhecedoras de religião como outras que estejam buscando um caminho espiritual ou mesmo entender um pouco mais o culto aos Orixás.

NÃO QUERO FAZER CANDOMBLÉ, QUERO FAZER HISTÓRIA!

Pode parecer contraditório esta minha afirmação no título de abertura do primeiro capítulo de um livro sobre o Candomblé, mas tenho certeza de que você, leitor, sabe tão bem quanto eu que por trás de qualquer pessoa há um nome, por trás desse nome, um destino e nesse destino há de se ter uma história para contar.

A história de uma pessoa pode caber num livro, num capítulo, numa página ou até numa frase, mas não é o tamanho dela que a faz grande ou nobre, é o que ela traz em sua essência que vale a pena ser contada.

Minha vida até hoje dentro e fora do Candomblé foi guiada por uma única palavra: caráter, parte de nós que não se aprende nem se adquire, nascemos com essa sorte.

Aprendi na África que uma pessoa sem caráter não é digna, nem capaz de amar, cultuar e ser ouvida por seu Orixá.

Sendo fiel a Oxum, dona dos meus passos e da minha cabeça, tenho uma trajetória que me alegra relembrar. Sinto orgulho no que me tornei através dos anos de Candomblé e do que a vida me ensinou.

Tive como todos muitos acertos e alguns desenganos. Tropecei, lutei, levantei-me e nunca perdi a confiança. A cada obstáculo fui ficando mais forte, mais corajoso e mais sábio para enfrentar as águas turvas.

Por isso, esse sempre foi meu lema: fazer a minha história, o meu caminho, o trajeto que me foi confiado por Oxum para ser um Babalorixá de Candomblé, um bom pai, um bom amigo, um homem honesto comigo e com o mundo e deixar o meu legado para as gerações futuras.

Nasci no dia 10 de agosto de 1949 na Ilha de Madre Deus, na Bahia.

Sou filho de Alcides dos Reis e Zila Lessa dos Reis. Nossa família sempre foi grande, tenho dez irmãos Vilson, Joana, Nanci (*in memoriam*), Vando, Deja (*in memoriam*) Djalma (*in memoriam*), Ana Lucia, Raimundo, Antônio e Joci, desde muito pequeno tivemos de viver com as privações e a falta.

Como morávamos numa ilha de pescadores, havia boa pesca e boa comida, caso contrário não teríamos o que comer.

Primeira aparição em programas de TV - Início da década de 1980.

Conheci junto com meus pais e irmãos a pobreza, porque a vida era difícil e lutávamos muito para poder conseguir o mínimo de sobrevivência.

Quando a tristeza apertava, olhava para o céu e perguntava para as estrelas se minha vida estaria condenada àquele lugar, a todas àquelas dificuldades e se eu nunca sairia dali para encontrar uma vida melhor.

Fui uma criança triste, brinquei pouco, porque sempre tive de assumir responsabilidades, como cuidar dos meus irmãos e buscar sustento para ajudar nas despesas da casa.

Quando completei 17 anos mudei para Alagoinhas em busca de melhoria de vida. Trabalhei sempre no comércio como balconista, cortador de carne, mercadinho – aqueles armazéns secos e molhados que tinham de tudo um pouco.

Nessa minha Bahia antiga, nessa Alagoinhas antiga ninguém falava muito de Orixás como hoje. Certos ritos como o bori, naquela época, ninguém nem sabia direito o que era.

Pai Cido carregando o Ipeté de Oxum, festa em 1986.

Mas desde pequeno adorava frequentar as pequenas casas de Candomblé das velhas feiticeiras, que também sabiam muita coisa. Aprendi bastante, porém só me iniciei no Candomblé em São Paulo.

Aos 23 anos fiquei muito doente e decidi que precisava vir para São Paulo tentar descobrir o que eu tinha, pois vivia doente e ninguém conseguia diagnosticar meus sintomas.

Isso me fazia um rapaz amargo, vivia atemorizado, sem rumo, com medo de tudo, como se estivesse em contínuo estado de pânico. Enfraquecido, algo dentro de mim ainda dizia que eu deveria sair de onde estava, me curar e buscar um mundo novo, de oportunidades que ali não encontraria.

Hoje sei que todos os meus problemas eram espirituais, estava com meu Ori (cabeça) desencontrado, sem axé e precisava buscar meu caminho de vida, meu destino. Aquela voz, que insistia dentro de mim, era meu Ori que sempre foi muito atento comigo, embora desconhecendo os preceitos ritualísticos do Candomblé ele me instigava a seguir em frente.

Cheguei a São Paulo de ônibus, em uma noite de Natal só com o dinheiro da passagem de vinda e fiquei hospedado na casa de alguns conhecidos na Vila Zilda, Zona Norte da cidade. Esses conhecidos me acolheriam até me estabilizar em um emprego.

Pai Cido e sua mãe Dona Zilá em 1987 no lançamento do LP Raízes de Ketu.

O dono da casa era um homem muito severo e ignorante. Vivia bêbado e, em menos de uma semana, na noite de Ano-Novo, depois de se embriagar muito quebrou a casa toda, brigou com os familiares, enterrou a comida da ceia no fundo do quintal para ninguém comer e como louco me expulsou de sua casa.

Eu, sem ter para aonde ir, fiquei com uma mala de papelão encostada num barranco perto dali. E chorava muito, porque não sabia e não tinha como voltar à Bahia, foram momentos terríveis. Sentia-me doente, estranhava tudo aqui em São Paulo, não estava trabalhando, não tinha dinheiro nem para comprar remédio e estava só, sem amigos. Aquela foi uma noite de desespero. A esposa daquele homem pediu para que eu não me deixasse abater e que no dia seguinte ele iria melhorar o ânimo e como ela o conhecia, talvez pudesse ficar por ali alguns dias ainda.

E foi o que aconteceu. Passadas as comemorações, com o dia amanhecendo, quando ele melhorou do porre, pediu-me desculpas, falou que não se lembrava do que tinha feito a mim e que eu podia entrar para dormir e ficar até que tudo se resolvesse em minha vida.

Lembro-me que fiquei magoado, sentia saudade de casa, na Bahia, mas pensava comigo que se tinha chegado até ali, não poderia desistir.

No dia seguinte, levantei às quatro horas da manhã, horário que eles estavam acostumados a acordar para ir trabalhar. Perguntei se poderia ir até a empresa onde ele trabalhava para tentar um emprego também.

No meu íntimo queria vencer, sair daquele ambiente de constrangimento, curar-me. Então, me troquei rápido e peguei o ônibus com ele.

Quando chegamos à empresa, perguntei ao porteiro se a firma estava contratando pessoas. Ele respondeu que havia uma única vaga de servente de pedreiro. Aceitei na hora, mas disse-lhe que não tinha lugar para ficar. Por sorte ou pena, de tanto chorar e pedir misericórdia ele arrumou-me um lugar num barracão onde ficavam hospedados todos os peões da obra.

No mesmo dia voltei para a casa da família que me acolhera, juntei minhas coisas, agradeci pela estadia e fui trabalhar e morar no meu primeiro emprego, aqui em São Paulo.

Fiquei nesse emprego quase um ano. Quando a construção terminou, a empresa mudou-se para o interior, mas preferi ficar por aqui. Desejava me iniciar no Orixá, porque a essa altura da vida, já sabia que não havia nenhum problema de saúde comigo e que os males que me acompanhavam eram sinais da necessidade de cuidar de meu Ori e de meu Orixá.

Então em agosto de 1973, iniciei-me com Pai Luiz de Oxóssi, filho de Pai Bobó de Iansã. Lembro-me que também foi uma época complicada, porque não tinha todo o dinheiro necessário para minhas obrigações com a feitura (processo de iniciação) do meu Orixá, mas confiando em Oxum fiz mesmo assim. Pai Luiz, na época, pediu-me todos os materiais e me permitiu pagar o restante como pudesse.

Antes de completar três meses de iniciado, uma moça que estava presente à festa da minha saída de Iaô, retornou para agradecer o que ela havia pedido a Oxum, disse ter tido muita felicidade no que estava precisando e queria me dar um presente.

Recusei, porque para mim o mais importante era o axé que Oxum tinha dado a ela, mas não teve jeito, e assim, ela saldou o que eu ainda devia dos gastos feitos com a minha iniciação.

Com o dinheiro, não só paguei o que faltava, mas também consegui comprar um novo fogão para a casa de meu pai de santo. Todos ficaram alegres e contentes. Não por acaso foi interessante isso acontecer, porque Oxum comanda a cozinha do Candomblé. A culinária com seus quitutes, pratos saborosos, oferendas e comidas dos Orixás, ela a dona das águas que prepara os alimentos. O movimento de uma casa de Candomblé é a cozinha, não se vive sem a comida, as oferendas, etc. Acredito e sei que além de Oxum, mãe das águas doces, todo Candomblé tem a necessidade e a regência de Oxóssi, pai da fartura, o grande caçador que nos dá condições de plantar e colher. O senhor da prosperidade não só material, mas principalmente do alimento para que nada nos falte.

Há 40 anos tudo era muito diferente, não havia a facilidade da troca de conhecimento e tudo era muito fechado entre os mais velhos, também não existia a internet e todos os recursos de que dispomos atualmente para ter acesso ao conhecimento dos antigos.

Porém, entendo que nascemos para aprender mesmo, o bom Ori aprende. O bom Ori busca o que é necessário para evoluir e trazer conhecimento. Porque ninguém nasce formado, já instruído sabendo tudo.

O Candomblé é um eterno aprendizado, por isso a necessidade dos mais velhos e dos mais novos terem uma relação de respeito e amizade, pois um sempre acaba aprendendo alguma coisa com o outro. É vasta a riqueza de informação no culto aos Orixás.

Outro tema importante e que muita gente não compreende é o tempo dentro desse caminho espiritual. Para alguns existe a necessidade da espera, para outros as coisas andam mais rapidamente porque cada um tem uma história.

Quando me iniciei, por exemplo, minha vida não se tornou um mar de rosas de um dia para o outro, houve o milagre da melhora da minha saúde e o mais importante: ficou claro que eu deveria me tornar um sacerdote de Candomblé, isso estava predestinado.

O caminho é tão misterioso que apesar do pouco tempo de iniciação, as pessoas já me procuravam para pedir ajuda e aconselhamento. Eu ainda não vivia para o Candomblé em tempo integral como hoje, porque trabalhava numa indústria de papéis e papelão na Vila Prudente. Quando chegava em casa, à noite, muitas pessoas batiam em minha porta. Para mim, essa situação era bem difícil, eu achava que não podia fazer nada por elas, porque nem casa própria possuía. Morava num quarto, sala e cozinha e não tinha axé plantado, casa de Candomblé aberta. Mas com três anos de iniciado, já conhecia muito sobre ebós,

Pai Bobó de Iansã

já sabia jogar obi, recomendar banhos de ervas e cuidar de Exu, porque na Bahia, mesmo como abian (não iniciado) pude aprender sobre essas coisas.

Os sacerdotes mais velhos sempre queriam me ensinar algo, hoje sei que eles percebiam que minha estrela deveria brilhar no caminho espiritual, que eu seria um sacerdote de Candomblé, ou seja, um Babalorixá.

Foi nesse momento que entrou Pai Bobó em minha vida, cheguei até ele por intermédio da mãe pequena de onde fui iniciado. Ela já tinha ido para a casa de Pai Bobó, porque o nosso pai de santo, Luiz de Oxóssi havia se mudado, ele fora embora para outro lugar e não quisemos acompanhá-lo, com isso perdemos contato.

Antes desse fato, voltei para a Bahia com a intenção de buscar uma mãe de santo que pudesse dar continuidade às minhas obrigações. E nas casas matriciais do Candomblé me disseram: "Como assim, Cidinho? Como é que você vai levar uma mãe ou pai de santo daqui da Bahia para São Paulo, sendo que você é neto do Pai Bobó? Ele foi iniciado aqui na Bahia, na Casa de Oxumaré e mora lá perto de você, na mesma cidade"!

Então conversando com minha mãe pequena, juntos descobrimos que no lugar onde tínhamos nos iniciado, o nome de Pai Bobó não era citado, embora fosse ele meu avô de santo. E esse foi e continua sendo um dos grandes problemas dentro do Candomblé, porque os iniciados e, principalmente, alguns sacerdores não falam de suas raízes, sua família espiritual, de onde vieram.

Mas como disse anteriormente, devemos honrar os mais velhos e o meu pai de santo se chama Luiz Camargo (Luizinho de Oxóssi). Pai Bobó foi quem o iniciou e veio encerrar o meu ciclo de obrigações de 7 anos, meu Ori o buscou e o aceitou.

Pai Bobó era um homem de bom coração. O importante dentro do Candomblé é o coração, você tem de ter um coração bom – amor pelos seus filhos para que o axé se manifeste.

Foi um evento muito especial receber meu Oiê (obrigação de 7 anos e direitos para ser um sacerdote dentro do

Candomblé) com Pai Bobó, porque eu já tinha muitos iaôs, abians e pessoas que passaram para minha casa já iniciados. Ou seja, eu possuía o início da minha comunidade, quando recebi todos os direitos do sacerdócio na obrigação de 7 anos.

Porém, o surgimento dessa minha casa, não foi onde construí o Ilê Dara Asé Osun Eyin, mas no Jardim Iguatemi. Um lugar precário, sem nenhuma infraestrutura, com muito barro, muita ladeira, muita terra batida, local bem simples mesmo, mas com muito axé.

Passado algum tempo, menos de três anos, consegui a minha casa própria, onde moro e tenho a casa de Candomblé.

Claro que também não foi tão simples, fui construindo esse espaço aos poucos até chegar a ser o que é hoje.

Pai Bobó de Iansã conduzindo o "run" de Oxum (1981).

Tenho uma gratidão infinita pelo axé de Pai Bobó. Quando ele fez minhas obrigações espirituais, ajeitou tudo direitinho, encantou meu Ori e Oxum com os fundamentos necessários dos Okutás e me ensinou muitas coisas. Com isso nasceu uma grande amizade, meu convívio com Pai Bobó era muito bom, ele sempre me fazia surpresas. Lembro que no lançamento da minha primeira revista sobre Orixás, de repente, sem que eu esperasse, Pai Bobó chegou vestido de africano. Ele gostava muito de mim, das coisas que eu fazia porque era um orgulho para ele, levar seu nome e seu conhecimento adiante.

Quando tinha algum evento, alguma festa aqui na roça de Candomblé Pai Bobó dizia: "Meu filho, toda vez que venho aqui, tem uma coisa nova, uma coisa bonita, e isso fortalece muito o meu axé e a minha história com o Candomblé."

A felicidade dele era ver os filhos crescerem. Pai Bobó nunca fez nada para derrubar um filho, não tinha inveja e apesar de severo era uma pessoa muito boa. Ele sempre falava que o tempo era o maior defensor da vida. O tempo provaria. "O tempo e o Ori diriam quem eu sou e quem é você", – afirmava. Tínhamos uma amizade além de filho e pai espiritual. Sempre que precisávamos um do outro havia prontidão.

Participação no extinto programa
"Viva a Noite" no SBT (1988).

Agradeço demais toda essa convivência que também serviu de experiência para mim. Porque tudo que ele vivenciou dentro de uma casa de Candomblé, eu passei. Passei e vou continuar passando, hoje com um diferença, tenho sabedoria para lidar inclusive com as desilusões, as pirraças e a ingratidão de alguns filhos que não valorizam a força do Orixá. Infelizmente, já tive filho de santo que me deu as costas quando o encontrei em festas e eventos em outras casas de Candomblé. Pessoas as quais iniciei sem me darem um centavo, que tinham apenas as sandálias nos pés e nada no bolso, que não tinham dinheiro nem para comprar um obi. Mesmo assim, por amor ao Orixá e compaixão, comprei do obi ao ibá. Fiz tudo com muita dedicação. Tudo! No entanto, passados alguns anos, essas mesmas pessoas viraram as costas não para mim, mas para a água que beberam, água que lhes matava a sede,

Pai Cido recebendo Axé no Templo de Oxum, na África (1991).

que clareava o espírito, que ajudava e salvava, uma água sagrada chamada Oxum.

Porque Oxum lava tudo com amor, Oxum lava inclusive, Oris ruins, imundos. Mas de nada adianta lavá-los se não houver caráter de quem recebe esse axé. Sei e fico muito tranquilo de que apesar da desonra desses filhos é a Oxum, que eles devem algo, não a mim. Então, entrego tudo ao tempo e sigo em frente.

Sou como a água, o rio que passa não volta e confio que a força de Oxum é que prevalece para a continuidade do meu Ilê, porque tenho em minha casa filhos e amigos que me fazem compreender que, quando amamos nosso Orixá tudo vale a pena e que todas as tempestades são necessárias para o nosso crescimento pessoal e espiritual. Por isso, volto a dizer que o caráter é o que forma a nobreza da história de uma pessoa.

Festa de Oxum (2003).

No Candomblé, assim como em todas as demais religiões existem os bons e os maus. O bom caráter e o enganador. O que deseja o bem e o que é perigoso, isso é próprio do ser humano, não da religião.

Com 40 anos de iniciado após ter conquistado tantas coisas, feito tanto pelo Candomblé sinto-me no direito de expressar minhas convicções. Porque muitos querem ser o que não podem, mas poucos são os escolhidos. Isso vale para tudo.

Pai Cido no Ilê Dara Axé Oxum Eyin - Década de 1990.

No Candomblé, as pessoas confundem o respeito da hierarquia com o poder, que vai do mais recente iniciado até os mais antigos e isso me incomoda muito porque sei que essa sede de poder é de extrema ignorância.

Esse tipo de comportamento gera competição, desafeto, desunião, coisas que não são do axé. Claro que devemos respeitar e reverenciar os mais velhos, ter noção do que nos cabe a cada etapa da iniciação, que dura no mínimo 7 anos. No entanto, as pessoas deveriam viver com mais amor para o Orixá e menos para o poder de controle, a arrogância, a soberba – o luxo de trajes caríssimos, a riqueza do trono e tanto outros detalhes que são o entorno, e não o fundamento.

Não posso ser hipócrita e negar que o Candomblé é uma religião que preza a boa vestimenta. Gostamos da beleza, queremos dar o melhor para nosso Orixá, fazer-lhe festas honrosas como agradecimento por tudo o que recebemos, mas na hora de dar o último suspiro nada disso seguirá com a gente para o orun (céu).

Então, por que não ser mais humilde e acolher as pessoas que necessitam de um apoio espiritual? Receber com mais amor o iniciado que está dando seus primeiros passos na religião?

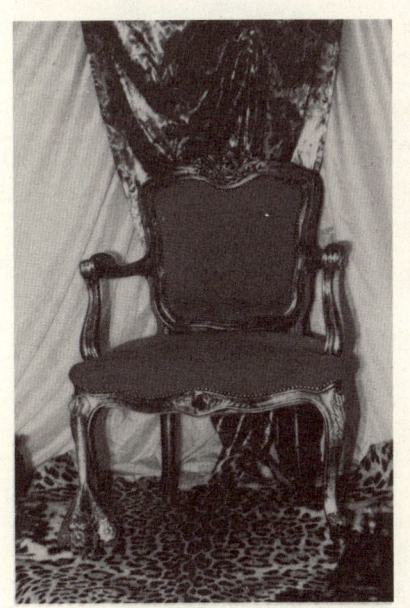

Trono de Oxum do
Ilê Dara Axé Oxum Eyin.

E nesse sentido, perdido pela necessidade de um poder mesquinho e arrogante, o sacerdote acaba colocando esses novatos para fora. Quando isso não acontece, os ebômis (mais velhos) o fazem. Além de negarem apoio, escravizam, destratam o iniciado, sequer lhes seguram pela mão e não ensinam coisas simples como o local onde está o banho de ervas e os costumes da casa, etc. Atitudes absurdas como essas criam uma demanda desnecessária, uma grande guerra íntima entre aqueles que já estão na casa para receber os mais novos. Daí surge o cuidado que o sacerdote deve ter para olhar essas questões, a fim de que nossa religião seja mais unida.

Oxum de Pai Cido.

Quando em viagem patrocinada para a África, na década de 1990, não fui para receber nenhum título, meu objetivo era ganhar conhecimento para ser uma pessoa melhor dentro do culto ao Orixá. Um Babalorixá, independente de ir à África, tem de se esforçar continuamente para seu progresso espiritual, buscando sabedoria, aprendendo com os mais velhos, ouvindo os mais novos, partilhando o que sabe e entregando seu coração. No pouco tempo que estive por lá, conheci e aprofundei meus conhecimentos sobre vários tipos de comidas, folhas e ritos. Também ouvi e aprendi muito sobre a necessidade de se cultuar nosso Ori, a devoção nessa força que carregamos e que comanda nosso destino.

Temos de ser mais sensíveis, tolerantes e pacientes. E a partir disso, perceber que a arrogância e a maldade não nos levam a nada.

De que adianta você ser um sacerdote ou uma sacerdotisa de Candomblé, e por vaidade não atender aos chamados de quem o procura?

O sacerdote de Candomblé deixa de evoluir espiritualmente quando se nega a uma conversa com alguém necessitado, a uma palavra que às vezes pode salvar uma vida, por falta de um ebó ou um bori que pode dar caminho e equilíbrio para uma pessoa que se sente perdida e desamparada.

Em 40 anos de iniciado no Candomblé, ainda sinto essas vaidades tolas, essas bobagens de ataque invejoso, de desejar o mal, de bater palma quando você escorrega e quebra o pé, isso sem mencionar as maldades das mais atrozes que degradam nossa religião e afastam muitos simpatizantes. Infelizmente, não existe uma irmandade sincera, nem solidariedade entre as casas de Candomblé, salvo raríssimas exceções. O que existe é muito discurso da boca para fora.

Sempre tive certeza e hoje mais do que nunca, sei que fui escolhido, então com todos os altos e baixos de 40 anos de Orixá, compreendi que ainda muito jovem, as pessoas se magoavam por eu ser Babalorixá, por atender as pessoas com três, quatro anos de iniciado, o Candomblé não aceitava isso, como não aceita até hoje.

Mas logo compreendi que essa rejeição, traz consigo muita inveja e competição pelo poder como já comentei. É necessário entender que os meus dons não são iguais aos de ninguém, não posso querer a sorte que é do outro, pelo contrário tenho de aplaudir.

Comemoração dos 30 anos de iniciação no Candomblé ao lado da Ialaxé, Mãe Gabriela de Ewá (2004).

Quem é sacerdote de verdade traz isso em seu Ori, em seus odus (caminhos) e, naturalmente a vida faz as coisas acontecerem, independente da vontade alheia.

Sempre busquei a diferença e abracei todas as oportunidades que Oxum me deu. Muitas vezes criticado pela própria sociedade candomblecista, deixei as críticas de lado e fui em frente, deu certo.

Nunca transgredi os fundamentos da religião, embora tenha gravado discos com cantigas de Orixás, escrito revistas, livros, e participado de programas de rádio e televisão, seja falando de Orixá, seja jogando búzios para desmistificar as coisas maldosas que falam de nossa comunidade tão oprimida. Além disso, participo de documentários e sempre que posso e me convidam faço algo na mídia, porque sei o quanto temos ainda de preconceito e tabus para vencer.

Luto pela liberdade de culto aos deuses africanos, mas também me esforço para manter minha comunidade com a devoção no axé.

Este livro é um registro para compor parte da comemoração dos meus 40 anos de vivência intensa e diária no Candomblé, trago antigos e novos conhecimentos, revisitei minhas obras anteriores e mais uma vez quero partilhar conhecimento.

Contudo ainda insisto, como Babalorixá não quero fazer Candomblé, quero fazer história.

Tenham certeza, ainda terei muito para contar, porque mesmo com toda minha bagagem jamais deixarei de ser um iaô, sempre a pedir a bênção e a respeitar a sabedoria dos mais velhos.

Mojubá!

Pai Cido de Oxun Eyin
São Paulo, 2014

A MITOLOGIA AFRICANA E A CRIAÇÃO DO MUNDO

A tradição ioruba explica a origem do universo através de duas energias: criação e recriação; representadas pelos Orixás de maior importância: Exu, que é o princípio dinâmico de transformação e Oxalá, o princípio da inércia e da manutenção.

Nos mitos há rivalidade entre eles, mas na prática do Candomblé são complementares.

Não há uma sequência original para os mitos dos Orixás, existem muitas versões deles, até mesmo porque sempre foram transmitidos de forma oral através dos tempos, não tendo uma liturgia oficial, como é o caso da Bíblia dentro do cristianismo.

Olodumaré ou Olorum é o Deus supremo, que não participa da criação, mas fornece a força vital, chamada axé.

Na cosmogonia africana, Oxalá foi encarregado da criação, mas não respeitou os rituais, os sacrifícios e as oferendas prescritos por Ifá, e Exu fez de tudo para atrapalhar a tarefa de Oxalá.

Odudua, que era outro Orixá, teve um papel importante, pois seguiu todos os preceitos, conquistando a simpatia de Exu e Olorum.

Oxalá por sua vez, devido à sua prepotência, terminou cometendo vários erros, que causaram por fim, sua embriaguez com o vinho de palma, fato que inviabilizou a sua tarefa de criar o mundo.

Odudua trouxe para Oxalá a terra que havia sido esquecida por Olorum, e ajudou a reorganizar a missão de criar o mundo junto com os outros Orixás.

Orunmilá colocou fim à disputa entre Oxalá e Odudua. Feita a criação do universo, tudo retornou ao equilíbrio, ficando Oxalá senhor do Orum (céu), e Odudua senhor do Aiê (terra).

O Candomblé divide o mundo em 4 partes que estão relacionadas com a natureza, seus elementos, as estações e as fases da lua.

O 4 se manifesta em vários princípios do Candomblé: na quantidade de ritos de passagem (iniciação, obrigações de 1, 3 e 7 anos), divisão nas festas (Ipadé, Xirê, Oiê e Run) e outros.

O 2 também é importante, como na divisão Orun/Aiê; masculino/feminino e outros diversos simbolismos de dualidade.

Assim, com essa base, geramos a multiplicação $2 \times 2 = 4$ e $4 \times 4 = 16$, que é o número de odus, número que é formado por $9 + 7 = 16$. O número 9 é o princípio feminino e o número 7 é o princípio masculino.

Por trazer a ligação simbólica e ritualística com a natureza, tudo que provém dela é respeitado nos rituais; um animal sacrificado é usado para comer, e quando uma erva é necessária, pede-se licença aos Orixás para colhê-la. Tudo retorna ao meio ambiente. Um dos símbolos do Candomblé, a cabaça, carrega a representação do ventre da mulher, a criação.

A importância da água

No Candomblé, a água é a força feminina. A mulher deve ser cultuada e não submissa, como na cultura ocidental. Está presente na natureza externamente, em formações e fenômenos como mar, rios, lagos, chuva, cachoeira, e também, internamente, na composição dos seres, que são constituídos em grande parte de água, como as frutas, os legumes e o próprio ser humano.

A energia da água está direcionada para as questões de abundância, seja na prosperidade material, seja na fertilidade da mulher e do solo.

Orixás da água

A maioria dos Orixás da água é feminina. Alguns são mais cultuados somente na África, e outros que vieram para o Brasil sofreram pequenas alterações.

Nanã Buruku é a deusa de águas paradas e lamacentas dos pântanos e dos lagos, tendo o domínio dos mistérios do Renascimento.

Yemanjá é a deusa de todas as águas, doces e salgadas. No Brasil, ficou associada apenas ao mar pela sua natureza impulsiva. É considerada a mãe de todos os Orixás.

Oxum é a deusa das águas doces dos rios, das nascentes e das cachoeiras, tendo o domínio da sensualidade, do amor e da fertilidade.

Olokum, Oloxá, Averekué, Ewá, Erinlé, Logun Edé e Oxumaré são outros Orixás associados à água. Alguns são considerados no Candomblé, com as qualidades de Iemanjá.

Obá e Iansã, na origem, são deusas de água, mas convencionou-se no Brasil associá-las ao elemento fogo.

Oxalá também tem ligação com a água. É tradição do Candomblé no início do ano, a festa das Águas de Oxalá, representando limpeza e renovação.

A importância da terra

A Terra, assim como a água, é uma energia feminina, e por isso, complementa a função da primeira. A água gera a vida, e a terra nutre, é o alimento que mantém a criação viva. O homem evoluiu no planeta aprendendo a trabalhar a terra, tirando dela seu sustento, seu alimento, seus minerais, suas ferramentas e tudo que permite progresso e manutenção da vida.

Orixás da terra

Apesar de o elemento terra ser de natureza feminina, a maioria dos Orixás da terra é masculino, o que é uma temeridade uma vez que eles controlam o alimento, as guerras, as doenças, a vida e a morte:

Exu é responsável pela magia, poder e transformação.

Ogum tem o poder das tecnologias, das guerras e da conquista.

Oxóssi tira da terra a fartura, a caça e a alimentação.

Omolu tem o poder das epidemias, das doenças e da cura.

Ossaim é a força das folhas medicinais e litúrgicas.

Oxumaré controla os movimentos e os ciclos.

Logun Edé abrange as riquezas e a beleza.

Ewá é considerada deusa de terra, caçadora na mata virgem, terra de mistérios.

Nanã Buruku é a deusa cuidadora das águas pantanosas e da lama, fusão de terra e água.

Oko é o deus da agricultura.

Odudua civilizador que criou a Terra.

Iroko é Orixá da floresta, que protege as árvores, principalmente a que leva seu nome.

Babá-Egun e Iyá-Mi Oxorongá não são Orixás, mas ancestrais, por isso estão ligados a terra.

A importância do fogo

A evolução do homem no planeta deu um salto enorme quando ele aprendeu a dominar o fogo. A existência desse elemento na natureza sempre esteve relacionado a um poder mágico ou sobrenatural, pois é perigoso e incontrolável, somente visto nas faíscas de um trovão e nas erupções vulcânicas.

Com a conquista do fogo, o homem pôde transformar o alimento, o metal e deixou de ser vulnerável, pois com o fogo também afastava os animais selvagens, e assim, ele deixou de ser nômade, e pôde se fixar e dar origem à sociedade.

Para os africanos, há o fogo destruidor e incontrolável da natureza, que chamam de izô, e o fogo controlável, que protege e transforma as coisas, que chamam de inan.

Orixás do fogo

Em virtude dessa simbologia, todos os Orixás associados ao fogo são de grande poder. Entre estes destacam dois principais: Exu e Xangô.

Exu é a própria explosão que transforma e dá origem a tudo.

Xangô é o Orixá do poder, que gosta de desafiar o perigo. Lendas narram como ele foi o primeiro a dominar o fogo.

Iansã, a primeira mulher de Xangô, é a deusa dos ventos e da tempestade, pode ser considerada também a deusa do ar, mas é o vento que alimenta e propaga o fogo. Obá é a deusa dos grandes movimentos, como o das águas revoltas, por isso é considerada a deusa do fogo. Ogum é o deus que domesticou o fogo, utilizando para trabalhar os metais, contribuindo na moldagem de ferramentas para o progresso do ser humano.

A importância do ar

O ar está muito ligado à vida, pois ninguém consegue ficar muito tempo sem respirar. Considera-se que o ar é o próprio Olodumaré, que ninguém vê, mas que está em todo lugar. E o respirar é como se o próprio Deus supremo estivesse dentro de cada um de nós. Também significa a perpetuação eterna da vida.

Esse elemento tem um papel importante na criação do mundo, pois foi a partir da respiração de Olodumaré, que se separou o Aiê e o Orum, e é a atmosfera que preenche esse espaço.

Orixás do ar

Todos os Orixás da criação são deuses do ar, considerados Funfun. Os principais deles são Oxalufã e Oxaguiã. Existem 154 Orixás funfun na África, mas no Brasil, apenas alguns são cultuados como qualidades diferentes de Oxalá. Entre eles estão Odudua, Orunmilá, Ajalá, Obatalá, Okin, Okó, Babá Salè, Babá Epè, Ajaguná, Inùgbè, Akirè, Igbò e Ifuru.

A HISTÓRIA
DO CANDOMBLÉ

Na África, existem dois tipos de cultos a ancestrais. Um deles cultua os ancestrais que morreram, espíritos conhecidos como egúngún, estes passaram pelo processo de morte e conhecem os seus segredos por isso se apresentam sob máscaras. O outro tipo cultua ancestrais divinizados, que não passaram pela morte, mas que foram transformados em energia pura, em um momento de extrema dor, paixão ou devido ao seu extremo poder. Esses são os Orixás, que não estão associados à vida, se manifestam nos seres vivos, ao contrário dos eguns.

Por estarem associados à ideia de ancestralidade, os Orixás, são "herdados", passados de pai para filho, pois estão ligados a determinada região, e desconhecidos em outras. O fato de representarem arquétipos ligados às forças da natureza permitiu que o culto no Brasil, pudesse se expandir também para pessoas que não tinham raízes africanas. Além disso, no Candomblé todos os Orixás são homenageados numa única cerimônia.

O sincretismo

O sincretismo foi necessário para permitir a sobrevivência do Candomblé e até de livrar os terreiros de perseguição. Sinal disso é que a cultura dos Orixás sobreviveu em países como Brasil e Cuba, de colonização portuguesa e espanhola respectivamente, ou seja, católicos. Porém, hoje não faz mais sentido manter nenhum ritual católico dentro dos ritos do Candomblé, como levar iaôs para assistir à missa, mandar rezar missa de sétimo dia, trazer padres para rezar missa de ação de graças, ou manter imagens de santos católicos nos terreiros. O Candomblé, do nosso tempo, deve ser independente e não mais submisso à igreja.

Algumas datas festivas já ficaram tão arraigadas à cultura brasileira que é praticamente impossível imaginar sua extinção: Lavagem do Senhor do Bonfim, na Bahia, e Festa de Iemanjá, em todo o Brasil.

Entre os principais Orixás sincretizados encontram-se: Exu foi associado ao diabo (essa a mais negativa e mais difícil de desfazer ainda nos dias de hoje). Ogun virou Santo Antônio, na Bahia, e São Jorge, no Rio de Janeiro. Oxóssi era representado por São Jorge, na Bahia; e São Sebastião, no Rio de Janeiro; Omolu por São Lázaro; Oxumaré por São Bartolomeu; Oxum por Nossa Senhora da Conceição; Iemanjá por Nossa Senhora dos Navegantes; Xangô por São Pedro ou São Jerônimo e, finalmente, Oxalá por Nosso Senhor do Bonfim.

A hierarquia espiritual no Candomblé

O pai ou a mãe de santo é uma autoridade máxima dentro do Candomblé. Eles são escolhidos pelos próprios Orixás para que os cultuem na terra. Os Orixás os induzem a isso, fazem com que as pessoas por eles escolhidas sejam naturalmente levadas à religião, até que assumam o cargo para o qual estão destinadas. Uma pessoa não pode optar se quer ser pai ou mãe de santo se não acontecer durante sua vida fatos que a levem a isso. São pessoas que de alguma forma são iluminadas pelos Orixás para que cumpram seu destino.

Os pais de santo, normalmente, são donos de uma roça, ou seja, de um lugar onde estão plantados todos os axés e no qual os Orixás são cultuados. Dentro da roça existe o barracão (assim denominado por causa dos negros que antigamente moravam nele), que é o lugar onde são feitos os grandes assentamentos (oferendas e festas) dirigidos aos deuses. Hierarquicamente, ainda, há na roça um pai pequeno e/ou uma mãe pequena, em geral um filho ou filha da casa.

Nesse espaço também se encontram as Ekedes, escolhidas pelos Orixás para que lhes dispensem cuidados e ajuda. Embora consideradas autoridades dentro da roça, não podem ser mães de santo, visto que sua função já foi determinada e não há como mudar.

Ainda de acordo com a hierarquia os Ogans desempenham seu papel, tocando os atabaques e ajudando o pai de santo nos fundamentos da casa; a Ya Bace, toma conta da cozinha, isto é, de todas as comidas dos Orixás; a Ya Efun, dona do Efun (pemba), está encarregada de pintar os iaôs (iniciantes que estão recolhidos para fazerem o Orixá); e, finalmente os filhos de santo, pessoas que foram iniciadas em determinado Orixá, a pedido deste.

Às vezes o Orixá incorpora em determinadas pessoas, mas não há necessidade de que haja essa "incorporação" para que uma pessoa se inicie no culto. Se a pessoa deve ou não fazer sua iniciação, somente através do jogo de búzios do Pai ou Mãe de Santo é que poderá haver essa revelação e diga-se de passagem, esses são os únicos que podem jogar búzios.

O Candomblé é uma religião com uma vasta cultura e rica em preceitos. Pouquíssimas são as pessoas que realmente a conhecem em profundidade. Como seus preceitos são todos fundamentados, qualquer um pode se dedicar à prática e ao estudo da religião e desfrutar de seus benefícios. Existe muita energia positiva no Candomblé, e o seu culto pode trazer bastante paz e felicidade a quem o professar.

Os Orixás no tempo da escravidão

A reunião de negros de diversas etnias numa mesma senzala, cada qual com os fundamentos do Orixá de sua cidade, fez surgir o panteão mais ou menos homogêneo que é cultuado nos terreiros brasileiros até os dias de hoje. Do século XVI ao XIX, os negros foram trazidos para o Brasil inicialmente do oeste da África (Angola, Congo e Moçambique) e, posteriormente, do leste (Nigéria, Daomé e Costa do Ouro). As principais etnias como as dos bantos e as dos sudaneses é que deram origem às nações Nagô e Jeje, as quais marcaram presença na Bahia.

Na África, os Orixás eram a base da sociedade, e os escravos faziam de tudo para preservar a sua identidade, que significava também o seu poder.

O objetivo dos senhores de escravos era dispersar e desfazer esses grupos, com o intuito de evitar revoltas e fugas. Permitiam que os negros dançassem e cantassem, de forma a exacerbar a rivalidade das etnias, no entanto, com esse evento iniciou-se um processo de sincretismo, primeiro entre os próprios deuses africanos e, depois, com os santos católicos. As capelas de escravos foram o berço dos primeiros terreiros de Candomblé.

As mulheres foram naturalmente as primeiras sacerdotisas dessa religião, pois eram alforriadas antes que os homens, e tinham acesso à cozinha; local essencial para o culto aos Orixás.

A luta para reconstruir a família africana, através do Candomblé, permitiu a sobrevivência dos deuses e, consequentemente, da própria cultura africana, por isso é importante entender a história do negro na sociedade brasileira.

Pai Cido no Ilê Dara Axé Oxum Eyin (2014).

OS RITOS DE PASSAGEM NO CANDOMBLÉ

Bori

Este é o primeiro ritual realizado na caminhada dentro do Candomblé. Seu nome tem origem em duas palavras resultantes da fusão da palavra *bó*, que significa oferenda, e *ori*, que quer dizer cabeça, ou seja, "oferenda à cabeça". É uma iniciação à religião, necessária antes de qualquer outro ritual. É o princípio individualizante, que revela que cada ser humano é único, tendo escolhido as próprias potencialidades.

Oxalá sempre deve ser evocado na cerimônia do bori. Iemanjá é a mãe da individualidade, e sua participação nessa cerimônia é imprescindível.

O bori prepara a cabeça para que o Orixá possa manifestar-se plenamente. É o bori que torna a cabeça boa. Algumas oferendas feitas no bori merecem menção especial.

A galinha-d'angola, chamada de etun, é o maior símbolo de individuação. Ela já nasce com oxu, ou seja, feita nos mistérios do Orixá, por isso está no bori e nos ritos fúnebres.

O peixe representa as potencialidades. Os alimentos brancos, principalmente os grãos, evocam fertilidade e fartura.

As flores, a germinação das sementes e as frutas simbolizam fartura e riqueza.

O pombo branco é o maior símbolo do poder criador. A noz de cola, isto é, o obi é sempre o primeiro alimento oferecido a Ori; é a boa semente que se planta e espera-se que dê bons frutos. A semente de orobô invoca a longevidade.

Claro que o bori de uma pessoa não iniciada (abian) será um pouco diferente de uma pessoa que está acabando de nascer para o Orixá e em cada obrigação posterior, mas mudam preceitos e liturgias, o propósito é o mesmo.

Cuidar do Ori e fazer a cerimônia do bori dá condições a qualquer ser humano de mudar as coisas negativas de seu destino, transformar sua rota de vida, por que a pessoa sem Ori, fica amarga, depressiva, desencorajada, triste, insegura e sem fé. Já a pessoa com o Ori alimentado de energias positivas se torna o que quiser de bom para si, não tem fronteiras.

Independente da religião, ou de dar prosseguimento com as iniciações no Orixá é fundamental que o Ori seja alimentado, louvado e sacramentado. Existem pessoas que estão há anos "borizados", renovando a força de seus oris, anualmente, e sendo muito felizes. Também é louvável que todas as pessoas iniciadas devem dar bori não só em suas obrigações de passagem, mas anualmente.

O Ori é tão importante a ponto de ser a morada dos deuses. Uma pessoa sem Ori é como uma casa sem telhado. Só depois dos devidos cuidados é que temos a permissão de trazer nosso Orixá para morar nele.

O bori traz a força, a mudança de pensamentos, a mudança de caminhos, o crescimento espiritual, a visão ampla de tudo, a melhora financeira para a pessoa fazer suas conquistas ou até mesmo chegar à iniciação de fato, se for o caminho. Portanto, o bori nunca faz mal para ninguém, isso só acontece se feito errado, se feito errado dá errado.

Se feito certo dará certo, logo só dará errado se o sacerdote o fizer errado naquele exato momento, ou se quem recebeu o bori não cumprir com o que sacerdote orientou como preceito e resguardo de algumas coisas.

Nosso Ori fortalecido passa a trabalhar em comunhão com os Orixás. Ori é uma divindade que responde por nossas falhas e nossas vitórias, sua relação conosco é a de zelar pelo nosso destino e mostrar por onde devemos passar. Tudo que acontece com o ser humano, primeiro passa pelo Ori. Os homens principalmente os religiosos, devem antes de qualquer atitude consultar o jogo de búzios para buscar o esclarecimento do seu Ori, o qual só um sacerdote tem conhecimento. No destino humano acontece um fato curioso, embora predestinado ele já nasce apressado por ser fantasioso e iludido. Cada ser humano tem sua sorte, cada um tem seu caminho e o seu meio de sobrevivência que vai de encontro à sua estrela.

Quando não se faz o bori, quando se nega comida ao nosso Ori é como se além de não termos caminho, também não tivéssemos a chance de sobreviver e prosperar.

Mas quando fazemos o bori muita coisa muda, enxergamos o invisível, melhoramos a saúde, encontramos as soluções. As pessoas cruzam nossa vida para nos ajudar, passamos a encontrar soluções onde tudo parecia perdido. Ficamos revigorados, com equilíbrio, axé e felicidade. Ou seja, ficamos prontos para receber o nosso destino de braços abertos e cumprir tudo aquilo que nascemos para fazer.

Feitura – A iniciação no Candomblé

A pessoa que se inicia no Candomblé torna-se adoxu, ou seja, passa a possuir oxu, que é o canal de comunicação entre o iniciado e seu Orixá. A partir desse momento tudo em sua vida será novo, todo iniciado recebe um Orunkó, que é o nome dado por seu Orixá e com o qual passa a ser chamado na comunidade de Candomblé.

A feitura implica um período de reclusão geralmente de 21 dias, porém existem variações desse tempo, principalmente nas grandes cidades como São Paulo onde nem todos conseguem deixar seu trabalho, sua rotina para ficar recolhido por um período longo, mas é essencial que dure no mínimo 7 dias dos preceitos fundamentais. Nesse prazo, serão realizados os ebós, as oferendas a Exu e aos ancestrais, o bori, todo aprendizado em relação à religião: as rezas, os cânticos, as danças, e por fim o orô, ritual no qual, na maioria das vezes, o filho de santo tem seus cabelos raspados e recebe o oxu, o kelé, os Ikan, o Mokan, os Delogun, o xaorô, o Ikodidé e passa pelo ritual de efun, no qual seu corpo é marcado com pintas de giz, que se repetirá pelos dias subsequentes. O Orixá do noviço é assentado e recebe o sacrifício de animais. O iaô é apresentado à comunidade 7 dias após o orô e esse período é conhecido como 7 dias de efun ou 7 dias de adoxu.

Nesse ritual, o iniciado é acompanhado por toda a comunidade, prova de que, a partir desse momento, jamais estará sozinho.

A iniciação não se resume aos 21 dias de reclusão. Na verdade tem duração de 7 anos, período em que o iaô aprenderá muitas coisas e reforçará os seus votos nas obrigações de 1 ano, 3 anos e 7 anos.

Casas mais tradicionais ou por opção do pai ou da mãe de santo fazem a saída dos iaôs apenas para os membros da comunidade sendo uma festa fechada para o grande público.

Obrigação de sete anos – ebômi ou sacerdote?

Após os 7 anos, o iaô passa à categoria de ebômi (irmão mais velho), e está pronto para assumir funções sacerdotais dentro da comunidade ou formar o próprio terreiro, tornando-se um Babalorixá/Ialorixá se esse for o seu destino. Esse ritual é chamado de oiê ou deká.

Discordamos de que todos os ebômis tenham o direito de ser um sacerdote e aqui cabe a frase do escritor José Beniste "Toda Ìyálórìsà foi uma Ìyawó, mas nem toda Ìyawó será uma Ìyálórìsà".

Muitos querem, mas não têm esse caminho, o de ser um sacerdote. Receber a obrigação de 7 anos traz ao iniciado o fechamento de um ciclo em primeiro lugar, mas não o consagra como sacerdote se este não for preparado, ou melhor, predestinado para tanto.

Receber elementos imprescindíveis às funções de um sacerdote, como os búzios, a navalha, as sementes e os frutos sagrados e cantar o Oiê, é ideal que sejam na casa de Candomblé do próprio iniciado que seguirá caminho de sacerdote, ou seja, sinal de que aquele Ori e o Orixá querem de fato que o ebômi se transforme em um sacerdote.

Os rituais e não apenas o ciclo completo de 7 anos garantem a passagem do iaô à categoria de ebômi. Podem-se comemorar os 14 e 21 anos de iniciação, mas as obrigações de fato são de 1, 3 e 7 anos.

Axexê

O axexê é a cerimônia fúnebre do Candomblé. O ritual confere ao morto a vida na condição de ancestral, anula sua existência individualizada de adoxu para introduzi-lo na existência generalizada de egun, que não deve ser mandado embora. A função do ritual é restabelecer a ordem. A notícia inesperada da morte traz revolta, dor, tristeza; é a manifestação de Ikú – uma entidade que deve ser afugentada. Todos os atos são feitos com a intenção de liberar o Orixá do corpo, deixando somente o egun.

O axexê de um sacerdote dura 7 dias. Um quarto é preparado com folhas de palmeira. A cerimônia tem início com o Ipadê, onde é evocado Exu para restaurar a ordem. São feitos rituais despachando os assentamentos, que passarão a fazer parte do coletivo do terreiro e oferecidas comidas e obi. Após a realização de um xirê, ao final, invoca-se o falecido. Se ele responder é feito um carrego com seus pertences que são destruídos e feitos sacrifícios sobre os objetos.

Encerrando a cerimônia faz-se um jantar, onde todos se sentam a mesma altura, independentemente da hierarquia, representando que perante a morte todos são iguais.

CONHECENDO OS ORIXÁS

EXU

O Orixá com personalidade mais próxima a dos humanos é Exu, o deus da transformação, ligado aos elementos terra e fogo. Parceiro no dia a dia dos homens, por vezes mal interpretado como disseminador da discórdia. Na realidade por ter características humanas, essa divindade traz os conflitos e as contradições naturais dos seres humanos à tona.

Outro comportamento humano que vemos em Exu é o da reciprocidade, percebido nas oferendas e nos pedidos feitos a esse Orixá. Se ele recebe agrados, realiza os pedidos, mas se desrespeitado seu comportamento é vingativo, impedindo a realização do pedido e causando transtornos.

Exu dentro da mitologia dos Orixás tem a incumbência de levar as oferendas, ou seja, fazer a comunicação entre homens e demais Orixás entre a terra e o céu. Seus pontos de força são sempre lugares com multidões ou circulação constante de pessoas, como estradas, encruzilhadas, mercados, comércio, pois nesses lugares há grande comunicação e possibilidade de surgirem confusões, bons negócios, trocas de informações e encontros. Por isso, é tradição, os comerciantes realizarem assentamentos ou oferendas a Exu para que ele os proteja contra tumultos e roubos, e ao mesmo tempo atraia clientes, favorecendo a comunicação, a interação humana e a prosperidade.

Mensageiro dos Orixás, é o primogênito do universo no mito da criação ou da gênesis dos elementos cósmicos. É o resultado da integração água e terra, masculino e feminino, sendo o terceiro elemento. Traçar e abrir caminhos são algumas das suas principais atividades, pois ele circula livremente entre todos os elementos do sistema. Está fortemente representado no O-POM-de-IFÁ (tábua adivinhatória de Ifá-Deus da Adivinhação) pelos triângulos e losangos. O sistema oracular funciona graças a esse Orixá que está profundamente associado ao segredo da transformação.

É o princípio dinâmico da expansão (evolução), agente de ligação, princípio do nascimento de seres humanos, princípio da reparação (causa/efeito). Exerce o papel de propulsor do desenvolvimento, de mobilizador, de fazer crescer, de ligar, de unir o que está separado, de transformar, de comunicar e de carregar.

Todos os Orixás necessitam do axé (força vital) de Exu, pois ele está ligado à evolução e ao destino de cada um.

Exu é o primeiro a quem se serve e se cultua, no Candomblé, é o senhor e o decano de todos os elementos. Muitos são os mitos que contam sobre o seu nascimento de formas diferentes.

Um deles narra que Orunmilá, um grande babalaô, senhor do oráculo de Ifá queria um filho. Por isso, solicitou a ajuda de Oxalá, que pediu para ele passar a mão em Exu e, depois, deitar com sua esposa tão logo fosse possível. Passado o período da gravidez, ela deu à luz Elebara, que nasceu faminto. Como ele devorava tudo que via a sua frente, devorou a própria mãe. Orunmilá pegou sua espada e saiu em perseguição a Elebara. A cada corte que fazia em 201 pedaços, o último se transformava em Exu e assim, foi passando por todos os 9 níveis que dividem o Universo, até que Exu não pode mais fugir, e teve de devolver tudo que havia engolido. Dessa forma, com a multiplicação dos Exu, cada um dos seres humanos nasce com seu Elebara.

O mito mais conhecido de Exu realça seu caráter perigoso de gerar confusão, e as razões pelas quais ele deve ser reverenciado para evitar a discórdia. Havia dois irmãos que eram muito unidos, que nunca brigaram, mas que não tinham feito as oferendas necessárias a esse Orixá, que ao saber do fato, resolveu pregar-lhes uma peça.

Exu vestiu um chapéu metade branco e metade vermelho e assim trajado passou entre os irmãos, sem pedir licença, exatamente para provocá-los. E conseguiu o seu intento.

Logo um deles disse que o homem do chapéu branco era muito folgado, o outro irmão discordou, dizendo que era um chapéu vermelho, e desse modo começaram uma enorme discussão, que se agravou, virou uma briga, depois uma luta e terminou com um irmão derrotando o outro.

Esse Orixá não tem um local único de culto na África, ele é venerado em todos os locais, pois está ligado diretamente à vida, ao axé presente em tudo. Algumas lendas, apresentam-no como filho de Orunmilá, outras como nascido de Oxum.

Os campos de domínio de Exu estão ligados à força, à liberdade, à magia, ao poder, ao prazer e à riqueza. Seu símbolo principal é o ogó: um bastão em formato de falo, que tem o poder de transportá-lo de um lugar a outro de maneira imediata. O pênis ereto também é outro de seus símbolos, representando o prazer e a procriação através do ato sexual.

As características principais dos filhos de Exu referem-se à alegria, ambição, extroversão, esperteza, inteligência, atenção, sociabilidade, diplomacia e amizade verdadeira. Pela sua extrema popularidade, atrai também emoções extremas, alguns o amam enquanto outros o odeiam.

Os filhos desse Orixá conquistam tudo o que desejam, pois são dinâmicos e têm grande facilidade com a comunicação, além de muito charme. Possuem uma vida sexual muito ativa. Em alguns momentos de desequilíbrio podem ser perigosos e irônicos. Como reflexo dos pontos de força e características dessa energia gostam de festa, de rua, de longas conversas, afinal Exu é o Orixá da alegria.

Apesar de conhecido como um escravo, a grande realidade é que Exu é também um Orixá, representando os deuses como mensageiro, verdadeiro secretário, o cobrador da lei causa/efeito. Não se pode ir a um Orixá sem antes tratar de Exu.

Embora seus toques sejam rápidos, ele dança com satisfação qualquer toque aos Orixás quando ordenado. Exceto para Oxalá, com o qual brigou por desejar seu trono. Exu é o detentor de axé e que ajudou Olodumaré na criação do universo, tendo grande poder, da mesma forma que Oxalá.

Exu está ligado a Ogum, Oxóssi e Ossaim dentro da mitologia dos Orixás devido à sintonia com a prosperidade na agricultura.

Um dos primeiros Okutás que surgiu sobre a face da terra, veio do rio que se chama Iangui, que é o Okutá de Exu. Essa pedra porosa (Iangui) é o nome de um Exu e significa "que nasceu das águas". A falta de água sobre a terra faz mal a esse deus e ao ser humano. Iangui veio para salvar a humanidade. Essa é a pedra poderosa de Exu que traz para nossa vida a fartura. Okutá, que veio das profundezas das águas, só se tornou Iangui porque surgiu de um grande rio, cujas águas provocaram o atrito entre as pedras. Esse atrito fez o Iangui nascer. Essa transformação através do choque das águas com as pedras não é negativa e Iangui nasceu para que a terra fique fértil. A água não esfria Exu como muitos acreditam. Água é vitalidade, e vida gerando vida. A terra e a água com Exu criam a sabedoria, a transformação e a comunicação que sem esse babalô não representa nada. Usamos o Okutá em Exu porque é essa pedra que o encanta para ser cultuado.

No Candomblé, Exu é o primeiro Orixá, que pode inclusive ser iniciado, cuidado e tratado na cabeça das pessoas, a propósito, existem muitos filhos dele.

Outro esclarecimento que vale a pena ressaltar é a questão das bebidas alcoólicas no culto desse deus. Evita-se o uso de "cachaça" ou aguardente para o Exu no Candomblé, pois esta é considerada uma droga capaz de prejudicar o raciocínio, deixando a pessoa/energia sem capacidade de reagir, em desequilíbrio. Às vezes, pode haver comunicação mediúnica, mas é uma comunicação comprometida. A substituição pode ser feita por algo mais brando, sem teor alto alcoólico, para que esse Exu não fique bêbado e essa energia não fique desequilibrada, trazendo coisas maléficas para dentro da nossa casa de axé.

O aruá que é uma bebida feita de rapadura, gengibre e água ou o próprio caldo de cana são excelentes substituições no culto a Exu pois trazem resultados benéficos. Assim, existe uma bebida que Exu pode tomar sem que o embriague, levando o recado que o sacerdote pediu. Ele vai até Olodumaré, que ouvirá Exu e decidirá se somos merecedores ou não daquela graça. Olodumaré fala a Exu que volta e executa o trabalho, mas consciente.

Exu como uma energia inconsciente sempre gera discórdia e desassossego, não raciocínio, inteligência e sabedoria. O ideal é que não se use nem o gim, mas caso seja utilizado recomenda-se um pouco de pimenta-da--costa na boca com uma pequena dose de gim não para embebedar, mas para fazer o que se chama popularmente de "esquentar" Exu para que trabalhe rápido. Uma quantidade muito pequena, como uma colher de sopa, para não fazer nenhum efeito contrário é o suficiente.

Tudo que vai ao assentamento de Exu é atraído para nossa casa. A energia dele é uma energia viva, eloquente, em constante movimento e por isso ele tem relação com outras energias do fogo como Xangô e Ogum, que é um Orixá totalmente ligado ao ferro, ao aço e à forja. Há um equilíbrio, um casamento perfeito entre fogo e fogo, ar e água ou terra e água, enfim as combinações dos elementos.

Exu na realidade é preto e vermelho, que são duas cores consideradas negativas, mas que se analisadas melhor, são as cores predominantes na vida. O mineral preto: o petróleo, sangue que vem da terra, trazido por Exu. No fogo, o vermelho é o elemento que cozinha os alimentos e traz a transformação. O fogo sagrado representa a fé e o ânimo. O preto sozinho isola energias, mas combinado com o vermelho dá o equilíbrio de prosperidade.

A cor preta é interdição para os iniciados do Candomblé, que é uma religião fundada por Oxalá, que usa o branco simbolizando a massa encefálica, que é o nosso Ori.

Achamos precioso ressaltar que nos ritos de Candomblé, não são empregados apenas o sangue animal como os leigos pensam. Recorre-se também ao sangue da própria terra: enxofre, chumbo e mais alguns outros minerais que são trazidos por Exu.

Em todos os terreiros existe um Exu muito venerado, o Exu-Onan. É um grande Okutá cultuado, tratado e cuidado como Orixá Onan ou Exu-Onan, o Senhor dos Caminhos. O Okutá do Onan é diferente do Iangui e necessário nas casas de Candomblé. O culto a Onan transforma nosso caminho dando condições de abri-lo. Pode parecer incoerente numa religião ter de pedir a Exu que não traga confusão para o próprio culto, mas Onan é tratado para permitir uma boa festa, a abertura de caminhos positivos para todos os membros da comunidade e visitantes sem nada que atrapalhe, para que não haja pedras e obstáculos na estrada de cada um. Como Senhor dos Caminhos, é Onan o responsável por tornar as condições do nosso destino amplas e repletas de proteção.

O Okutá de Onan tem de ser maior do que a cabeça humana porque nossos caminhos têm de se assemelhar a horizontes infinitos, que não caibam em nossos pensamentos. Onan é o caminho que todos percorremos com resultados positivos e os que ainda estarão por vir para percorrer e alcançar. Okutá de Onan aqui simboliza a cabeça inteligente, grande no sentido de sabedoria.

Os Okutás de Exu geralmente são pretos ou escuros de ponta aguda para que lembrem o falo e o crânio. Exu algumas vezes também é representado por uma cabeça pontiaguda. Como a maioria dos Exus não têm ferramenta ou representação, o Okutá, mesmo que feito de argila, elemento da terra, poderá desempenhar o papel dessa representação. Geralmente, as casas de santo também consideram o falo como o verdadeiro Exu.

Sabe-se que a terra é feminina, e Exu a fecunda para que ela se torne rica e produtiva. Por isso, costuma-se dar um pouco de ejé (sangue) para a terra, porque ela se alimenta não só da energia desse deus, mas também da energia de Iá Mi Oxorongá, que são mulheres. Elas dão à luz, e o homem que acompanha Iá Mi Oxorongá se chama Oxo. Oxo é masculino e junto com Iá, feminino formam uma ligação com Exu para que a terra fique fértil e comece a produzir. O ejé jogado na terra saúda Oxo, Iá Mi e Exu.

Exu é saudado antes do xirê, no ritual conhecido como Padê ou Ipadê, realizado para que ele proteja o terreiro, e nenhuma energia negativa atrapalhe o andamento das festividades.

Aspectos gerais

- **Dia:** segunda-feira.
- **Data:** não existe especificamente, pois todos os dias são de Exu.
- **Elementos:** terra e fogo.
- **Cores:** preto e vermelho.
- **Pedras:** rubi e granada.
- **Folhas:** folha-de-fogo, coração-de-negro, aroeira-vermelha, figueira brava, bredo e urtiga

Oferenda

Preparar meio quilo de feijão-preto. Escolher bem e torrá-lo com uma pitada de sal. Depois passá-lo no azeite de dendê quente. Deixar separado numa vasilha à parte. Cortar em rodelas um pimentão vermelho e uma cebola (deixe-os crus). Preparar também um pedaço de carne malpassada e separar sete pimentas.

Não se pode esquecer de que Exu é um Orixá e que tudo que se der a ele, ele come. Exu é a boca do mundo, é a terra em movimento.

Num local de muito movimento ou na natureza, colocar sobre uma folha de mamona o feijão, a carne, as pimentas e as rodelas de pimentão e cebola. Fazer também um padê de dendê e o colocar sobre a folha de mamona. Depositar sete moedas e fazer seus pedidos a Exu. É aconselhável que se ofereça um pouco de aruá ao lado da oferenda, direto na terra.

• **Saudação:** Laroiê!!!

OGUM

Este é um Orixá implacável, justiceiro, e respeitado por ser o comandante dos caminhos, mas a sua ira pode despertar o medo. É um deus guerreiro e conquistador, domina o ferro, a metalurgia e a tecnologia. Ogum é cultuado tanto na África quanto no Brasil, é também considerado o deus da caça, mas no nosso país, esse papel foi associado ao Orixá Oxóssi.

A origem de Ogum vem dos primórdios das civilizações. Representa toda tecnologia, a passagem da Idade da Pedra para a Idade do Metal, quando o homem começou a forjar o ferro para moldar ferramentas. Simbolicamente, podemos dizer que Ogum surge do primeiro pedaço de ferro, do primeiro parafuso e acompanha todo avanço tecnológico até os dias de hoje.

Iansã acompanha Ogum nos mitos ajudando com o fole, representando o ar que alimenta o fogo, permitindo que se amoleça o ferro, moldando e fazendo o que se deseja com aquele metal.

A partir desse pequeno pedaço de ferro nasce Ogum, Senhor da Guerra, do comando, justiceiro, ferreiro e dando-lhe um rumo bastante positivo para as ferramentas que intuía e fabricava. Permitindo, por exemplo, chegar ao ponto em que os alimentos deixaram de ser pilados para serem moídos. Ogum é o criador da máquina que moía os grãos, sua intenção d era tornar possível a prosperidade através da produtividade. Por isso, ele comanda diretamente a agricultura, e as pessoas acreditam que Ogum é o grande desbravador.

Da mata adentro é Oxóssi que reina, mas fora dela é Ogum. Desde a beira da estrada Ogum estende seus domínios. Mas existe uma relação colaborativa entre eles. Oxóssi vem da mata para ajudar Ogum e este entra na mata para ajudá-lo.

Dentro do ritual do Candomblé, a importância de Ogum estar presente na vida de Oxóssi é a mesma de Oxóssi estar presente na vida de Ogum. São irmãos inseparáveis. Mata adentro só existe o que a natureza produz, por isso Oxóssi se alimentava bem porque dispunha de frutas e caças, enquanto Ogum do lado de fora preparava a terra, abrindo estradas para criar uma forma de plantio fora da mata. Daí ele ser considerado o deus dos caminhos.

Nos mitos, conta-se que Ogum se dividiu em 7 numa época em que era dono de uma aldeia na terra de Irê, comprovando que ele multiplica os caminhos. Deus do progresso, da estrada e do destino. Quem dá o caminho é Ogum e Exu Onan.

Se existe um caminho a trilhar, mesmo que seja o de se armar uma barraca de lona na rua, sobrevive-se, porque temos o caminho. Não escolhemos, somos escolhidos e quem faz essa escolha para nós é o livre-arbítrio, que é Onan e, então Ogum nos dá energia suficiente para trilhar nossa jornada.

Ogum foi um grande guerreiro, que nos mitos comandou os exércitos, portanto, ele é o general. Homem totalmente ligado à justiça foi para a cavalaria atuar no comando policial, como a história conta. Mas nunca deixou de ser ferreiro. Ele pode ser o comandante do exército e o ferreiro ao mesmo tempo. O mais importante em Ogum é sua coragem, sua força de luta e progresso e sua autoridade. Um ferreiro não comandaria um exército, mas um general sim.

Esse Orixá é um grande homem que traz em seu bojo o poder da justiça e de forjar o ferro. Os grandes ferreiros de hoje são de Ogum, parece que a história se repete, aliás, os mitos se repetem e as pessoas se reconhecem nos seus Orixás por isso.

Há uma ligação total entre Ogum, Exu e Oxóssi, porque os três são irmãos e filhos de Iemanjá. Se fizermos alguma coisa para Ogum, torna-se obrigação para Exu e Ogum, pois existe um casamento perfeito entre essas divindades.

Ogum é como aquele homem rápido, que come depressa, que batalha de modo incansável, que trabalhava bastante e que não tem momentos de tranquilidade. É também um homem que tem muitas famílias. Na África era comum um homem ter três esposas ou mais. Nos mitos, Ogum tem várias mulheres; é casado com Iansã, mas também tem um romance com Oxum.

Esses mitos transmitem a ideia de que Ogum seja aquele homem que pega a enxada, coloca nas costas, abre picadas e cava buracos para as plantações. Raízes, verduras e frutas que são parecidas com o falo estão ligadas a Ogum e Exu. O inhame e a mandioca e todas as raízes. A plantação e o progresso da agricultura têm a cooperação de Ogum, Oxóssi e do Orixá Oko. Se Ogum cava o buraco, Orixá Oko ara a terra e planta as sementes, que depois Oxóssi colhe.

Os mais tradicionalistas dizem que Ogum é um Orixá que se banha com sangue, o que transmite a impressão errônea de que Ogum é vampiro ou assassino, o que é um equívoco.

Na verdade, a energia vegetal do dendê torna isso possível para Ogum, ou seja, substitui essa sangria exagerada dos mitos. O epupá, como se chama o azeite de dendê em ioruba, refresca e traz a calma tanto para Ogum, como para Xangô. Muitas pessoas acreditam que o dendê esquenta, mas na verdade acalma. Ele só é proibido para Oxalá, porque é vermelho, "epupá" significa óleo vermelho. Enquanto matéria-prima, ele é sereno porque o sangue animal só se acalma com o sangue vegetal.

Um conceito importante é de que tudo que é lâmina, ferro, aço ou considerado arma branca é consagrado a Ogum. Então quando há sacrifício grande ou pequeno, automaticamente a faca recebe o ejé (sangue), consequentemente Ogum já foi oferendado nesse ato, independente do Orixá que está sendo homenageado no ritual. Por isso, antes de a faca cortar o animal, Ogum é saldado.

Existem homens na casa a quem é dado o cargo de Olobe Ile, filhos de Ogum, que podem manusear os obés (faca) e amolá-los, para deixar tudo pronto aos orôs (sacrifícios). Não é quem corta, é quem cuida das ferramentas, das lâminas. Geralmente, são ogans de Ogum, homens de Ogum que não entram em transe de incorporação, mas mesmo os que incorporam, mesmo que sejam ebômis (filhos com 7 anos) podem cuidar das ferramentas de Ogum, apenas não podem receber o cargo de axogum porque não são ogans. Para alguns cargos é possível nomear pessoas que incorporam, para criar um corpo de autoridade na casa de Candomblé, pois ela se mantém com essa estrutura. Ao montar uma casa, deve-se colocar pessoas que auxiliem em todos os trabalhos, porque sozinho não se consegue fazer muita coisa, são muitas informações, muitas obrigações para serem feitas.

Quando se passa a faca no animal e ela automaticamente fica suja de ejé (sangue), Ogum já está presente ali simbolizado pela arma branca com sangue. O caminho da guerra. Então, joga-se o epopupá (dendê) em cima da faca, para acalmar. São detalhes pequenos, mas importantes dentro de uma religião que tem o sangue como força vital, que é o axé. Não se pode sair cortando de qualquer jeito, como as pessoas imaginam. Não se corta sem rezar, sem louvar o Orixá, sem a permissão da natureza, senão, seria uma carnificina.

O Candomblé é muito complexo. Numa casa com mais de 32 de vida, como a minha, imagine o que já foi feito dentro desse espaço... Muitos não têm dimensão da força que rege uma casa de Candomblé. Energia positiva que pode se tornar negativa se cultuada da forma errada. São dois polos.

Esse é o perigo que há no sangue em relação a Ogum, então evitamos que haja brigas, conflitos, porque a guerra é constante quer queira, quer não. A vida é uma guerra diária. Guerreia bem quem tem um Ogum bem assentado. Ogum está presente em nossa vida 24 horas, principalmente dentro de uma religião que é repleta de conflitos. Apesar de guerreiro, Ogum também traz a solução para o conflito. Esse deus é a consciência para evitar guerras, ataques, estupros, roubos, matança, a consciência de Ogum é dizer que não se faça nada disso.

Ogum é guerreiro porque conseguiu sobreviver além de um trabalho pesado de construção de uma história de ter de criar o ferro, de ter de deixar o ferro crescer, o ferro progredir e colocar na consciência da humanidade que o ferro pode chegar a algum lugar, como chegou hoje.

O ferro é um mineral que vem da terra, então o Okutá de Ogum é o ferro ou a pedra-ferro. Existem pedras de ferro como o imã. Esse minério que vem da terra foi descoberto por Ogum, peça mínima, que virou uma pecinha que gerou outra e mais outra pecinha que virou peça da vida. Esse Orixá foi um grande guerreiro, um grande lutador, um homem que traz a individualidade, a prosperidade e a proteção, mas Ogum foi o ferreiro original, que projetou essa consciência no homem para que este desenvolvesse computadores e tecnologias modernas. Hoje é possível falar com outra pessoa no Japão instantaneamente, através da internet, enviar e receber mensagens, dispor de telefones de última geração, toda essa tecnologia foi criada pelo homem através da influência de Ogum.

Esse Orixá também nos dá o trabalho. Ogum foi o homem que de um pedacinho de ferro saído da terra, provocou uma revolução total na humanidade, pois surgiram metalúrgicas e indústrias que geraram empregos. Do fole veio o moinho de engenho, captação de água e geração de energia elétrica.

Ogum é o Orixá do trabalhador. Quem está precisando de emprego ou caminho pode pedir a ele.

Em lugares onde há pó de ferro, um pedaço de faca velha, um prego, um parafuso de trem está Ogum, porque ele está ligado às maquinas. Deixou essa herança que virou nossa grande tecnologia. Colocou na cabeça do homem que ele tinha de seguir em frente e este seguiu. O homem é a semelhança de Ogum nesse princípio.

O caminhar desse deus, essa evolução inerente à sua energia, faz todas as casas de Candomblé terem-no assentado à entrada da porta, cultua-se Ogum de um lado e Exu de outro. Enfim, Ogum é considerado o homem que quebra demandas, que luta para o bem e que é forte. É o homem que vem de armadura, que também foi do exército. Por isso, se diz que os policias são regidos por Ogum. Quando esse Orixá inventou o ferro, não determinou que se fizessem armas para matar, mas para defesa. Automaticamente, o inimigo viria e seria morto, mas não de forma banal como hoje, em que as armas estão acessíveis a qualquer pessoa. Ogum é aquele que traz a evolução do tempo, da vida, do ser humano. Esse Orixá não quer que o homem volte ao passado com guerras terríveis que duravam meses ou anos. Por isso, há um mal entendido em relação a Ogum pois ele não é aquele que mata, ao contrário, é aquele que protege o nosso caminho.

Proporcionando caminho e trabalho, Ogum tem a espada, mas é para a luta por uma vida melhor, pela sobrevivência. Para que o inimigo não entre porta adentro, há Ogum na porta, porque é forte, guerreiro de aço, peito de aço, cavaleiro que pega o seu cavalo e vai em busca da resposta, do recado, do trabalho, da comida, do dia a dia, da família. Esse babalô luta pela sobrevivência do ser humano, pela evolução da tecnologia, pelo crescimento, trabalho e progresso.

As roupas que representam Ogum nas festividades, sempre transmitem a ideia de um guerreiro, com elmo, escondendo o rosto para evitar que o inimigo conheça sua face, e assim, evite a vingança. O mariô como são conhecidas as folhas desfiadas do dendezeiro, também são usados por Ogum, mostrando a vestimenta dos Igbá Imolé. Essas folhas são utilizadas tanto nos trajes como na entrada das casas e dos terreiros, evocando a sua proteção.

Os símbolos mais utilizados são um arco ou uma haste com ferramentas de ferro, como a enxada, a pá e a ponta de flecha. Outro símbolo representativo de Ogum é a bigorna, empregada por ele para moldar metais, na construção de ferramentas usadas pela humanidade para progredir.

A comida indispensável em todas as festividades é a feijoada, e também ocorre a distribuição abundante de pães, que representam o inhame, que desempenha na África a mesma função diária da alimentação como é o pão para nós brasileiros.

Assim como acontece com os filhos de Exu, quem têm Ogum como Orixá, gosta de festas, de conversas longas e de disputas. Costumam entrar em combates para defender os amigos. No aspecto sexual, são muito ativos, trocando de parceiros constantemente, evitando ficar presos a uma única pessoa.

Esse mesmo desprendimento ocorre com as posses materiais e lugares. Ganham e gastam rapidamente, furtando-se a qualquer tipo de vínculo, pois seu verdadeiro prazer é o comando, o que pode até ser visto como egoísmo por alguns.

Apesar dessa independência latente, são pessoas extrovertidas e animadas, que divertem todos à sua volta, gostam de dividir sua alegria com os outros.

Há um número expressivo de mitos sobre Ogum, os quais explicam suas características. Um deles narra que os Igbá Imolé eram deuses da direita que Olodumaré destruiu após terem agido mal. Ogum é o único Orixá imolé que foi poupado, e recebeu a incumbência de conduzir os demais deuses da esquerda, chamados de Irun Imolé.

Ainda, segundo os mitos, Ogum é o filho mais velho de Okambi, neto de Odudua, fundador de Ifé. Apossou-se da cidade de Irê, matou o rei e ali instalou o próprio filho. Apesar de intitular-se Oníré, Rei de Irê, nunca teve direito de usar um adé (coroa que simboliza a realeza para os Iorubás) e sim um diadema chamado àkòró.

Como temível guerreiro brigava sem cessar contra os reinos vizinhos. Dizem que das guerras as quais participava trazia sempre um rico espólio. Numa dessas guerras, o Orixá ficou fora de Irê durante muito tempo. Quando retornou, a cidade estava em festa. Ninguém podia falar ou fazer um gesto. Mesmo assim, Ogum perguntou pelo filho. Não obtendo resposta ele disse: "Vocês não estão me reconhecendo? Eu sou Ogum, Rei de Irê." Acrescentou ainda que estava com fome e sede. Porém, ninguém se manifestava nem lhe respondia. Diante disso, ele iniciou uma matança que exterminou toda a tribo. Quando matou a última pessoa, o filho apareceu e perguntou: " Por que fizeste isto meu pai? Estavam todos em silêncio em sua honra." Então, Ogum se apercebeu do erro cometido e disse ao filho duas palavras, que todas as vezes que ele as pronunciasse, viria em seu auxílio. Depois fincou a espada no chão, abriu a terra e entrou.

Outra lenda conta que Oya era a companheira de Ogum, antes de se tornar a mulher de Xangô. Ela ajudava Ogum, Rei dos Ferreiros, no seu trabalho. Carregava docilmente seus instrumentos da casa à oficina. Ela manejava o fole para ativar o fogo da forja. Um dia Ogum ofereceu a Oya uma vara de ferro, semelhante a uma de sua propriedade, que tinha o dom de dividir em sete partes os homens e em nove as mulheres que por ela fossem tocadas no decorrer de uma briga. Xangó gostava de vir sentar-se à forja a fim de apreciar Ogum bater o ferro e, frequentemente, lançava olhares a Oya. Esta por seu lado também o olhava furtivamente. Segundo um contador de histórias, Xangô era muito elegante. Seus cabelos eram trançados como os de uma mulher e sua imponência e seu poder impressionaram Oya. Aconteceu então, o que era de se esperar: os dois fugiram. Ogum lançou-se em sua perseguição. Ao encontrar os fugitivos, bradou sua vara mágica e Oya fez o mesmo, eles se tocaram ao mesmo tempo. Assim, Ogum foi dividido em sete partes e Oya em nove. Ele recebeu o nome de Ogum-Mége-Lóòde-Iré e ela Ìyá Mésàn.

Os lugares consagrados a Ogum ficam ao ar livre na entrada dos palácios dos reis e nos mercados. Esses lugares geralmente são de pedras em formato de bigorna, colocadas perto de uma grande árvore: Àràbà. Além disso, são protegidos por uma cerca de plantas nativas, chamadas peregun ou akoko. Nesses locais, periodicamente os sacerdotes realizam suas oferendas.

"Ogum dividido em sete partes" faz alusão as sete aldeias, hoje desaparecidas, que existiam em volta de Irê. Também simboliza o número de instrumentos pendurados numa haste: lança, espada, enxada, torquês, falcão, ponta de flecha e enxô (espécie de enxada usada na África).

Aspectos gerais

- **Dia:** terça-feira.
- **Data:** 13 de junho.
- **Elementos:** terra e fogo.
- **Cores:** verde, azul-escuro (Brasil), vermelho (África).
- **Pedra:** lápis-lazúli
- **Folhas:** abre-caminho-de-ogum, madeira de lei, aroeira branca, cajarana, folhas de manga espada, palmeira, pau-ferro, caiçara, peregun (pau-d'água).

Oferenda

Pegar um pedaço de surubim (peixe), lavar bem em água corrente. Depois passá-lo num braseiro de fogão a lenha ou de carvão até que ele fique bem assado.

Preparar 7 acaçás brancos, 1 folha grande de mamona fresca e entregar o peixe sobre a folha com os acaçás em volta, regado com azeite de dendê chamando por Ogum. Colocar também 7 moedas e 7 pimentas-da-costa junto com a oferenda, de preferência numa encruzilhada, na beira de uma estrada ou perto de uma linha de trem.

- **Saudação:** Ogum ieé!!!

OXÓSSI

Oxóssi é o Orixá da floresta, da mata adentro, onde ele vai buscar comida e caça com a finalidade de alimentação. Oxóssi é um Orixá alegre, que além de cantar a vida, detesta a morte e a tristeza.

Esse deus saiu dos seios de Iemanjá e foi para a floresta comandar as regiões onde poderia caçar, escolher seus grãos, suas frutas, sua prosperidade e trazê-los para sua comunidade. Todo dia, ele saía em busca de alimento para a sua família, mas passado um tempo mudou-se para a mata, e alguns mitos explicam isso. É um Orixá que valoriza demais a comida, porque odeia passar fome, e batalha para que isso não aconteça. Geralmente, há comida em abundância na sua casa.

Oxóssi é o hoje, a urgência e a rapidez. Tudo o que esse Orixá toca é veloz. Seu arco e sua flecha chamados de odeé matam rapidamente.

Nós somos o povo que mais louva Oxóssi no mundo, na África seu culto está quase extinto. Isso aconteceu também em virtude de um fato histórico. Sua cidade de origem, Kêtu, foi praticamente destruída no século XVIII, sendo seus habitantes, consagrados a ele, escravizados e vendidos como mão de obra.

As casas de Candomblé da nação Kêtu possuem Oxóssi como protetor, e o seus terrenos devem ser consagrados a esse Orixá, mesmo que o fundador da casa seja outro santo.

Há muitas casas de axé, em que Oxóssi vai para o alto. Antigamente, as casa não eram feitas de alvenaria, e sim de pau a pique ou de barro. Quando se aproximava o dia de levantar a cumeeira, somente os homens eram chamados para alçar aquele mastro longo e pesado para colocá-lo no meio das casas, que geralmente eram de duas águas (duas inclinações no telhado), como são até hoje. A maioria das casas de Candomblé, que simboliza a vida é feita de duas águas, uma que acalma e salva e outra que revolta e mata. O dia de levantar a cumeeira era o mais alegre da família, então, dizemos que Oxóssi vai para o alto.

Existe um ritual parecido com esse da cumeeira na casa de Candomblé, que são as quartinhas desse deus, onde alguns colocam a oferenda dentro, que depois vão para a cumeeira. Praticamente todas as casas de Candomblé de Kêtu, da Bahia, de São Paulo e do Rio de Janeiro oferecem a cumeeira da casa para Oxóssi, porque sabem que ali ele trará fartura, que a comida não vai faltar, que a caça vai estar garantida. Esse babalô é o homem que traz a fartura para dentro de casa, além da boa caça.

É o homem de hoje, que vai ao escritório, à usina, que trabalha na agricultura é semelhante a Ogum. Oxóssi é o senhor que nos dá condições de alcançar a prosperidade. Os cubanos são muito ligados ao Candomblé e têm o milho como ouro. Eles o queimam deixando o fogareiro aceso, como um tipo defumador para trazer prosperidade.

O abadô, por exemplo, é um alimento essencial para Oxóssi ir à caça. Ele levava vários abadôs prontos dentro de um bornal, aquelas bolsas de couro, também chamadas capangas, para passar muitos dias na mata. Sabe-se que Oxóssi também viveu fora da mata. Ele adentrava nela como se tivesse preparado a sua marmita para a metalúrgica.

Oxóssi é um Orixá que tira o filho lá de baixo e coloca-o lá em cima, é o Senhor da Fartura, o homem que traz para casa a comida e dá aos seus filhos o poder da prosperidade. Os seus filhos não podem confundir a sabedoria com a prepotência para não decaírem, pois Oxóssi é um Orixá melindroso, que se contrariado tem dificuldade de perdoar. Nos mitos, Oxóssi demorou a perdoar seu povo. Ele é um Orixá que carrega mágoa, e os filhos de Oxóssi quando dizem não é para sempre. Na mitologia, narram que pelo fato de ser contrariado Oxóssi foi morar dentro da mata, abandonando a civilização. Outros mitos dizem até que ele abandonou a mãe Iemanjá.

Seus filhos são homens bonitos, atraentes, conversam bem, têm esses encantos, tanto que o povo antigo da Bahia dizia que Oxóssi era encantado.

Oxóssi é também o Orixá do bom sono. À noite, dorme e pela manhã, trabalha. Acorda cedo, na alvorada, por volta das quatro e meia da madrugada em lugares que clareiam cedo. É a hora em que as caças começam a sair porque também dormem. Esse Orixá dorme encostado ao pé de uma árvore com sua espingarda ou com seu ofá (arco e flecha) esperando o amanhecer para pegá-las e levar para casa. Por isso, as folhas também não são colhidas à noite, pois estão dormindo. Praticamente nenhum rito de Candomblé é praticado à noite.

Seus filhos aparentemente calmos conseguem manter a expressão neutra, mesmo quando alegres ou tristes, não demonstram suas emoções, mas isso não quer dizer que sejam insensíveis, e sim discretos. Em alguns momentos passam a imagem de prepotência e arrogância, pois são inteligentes e atentos, mas desconfiados, por isso escolhem cuidadosamente os amigos, já que esse Orixá teme a falta de lealdade. No entanto, são muito honestos e fiéis com os outros.

Outro aspecto dos filhos de Ogum é o respeito às opiniões diferentes das suas, mas conseguem sempre convencer todos com suas ideias, de forma estratégica. Eles amam a liberdade, mas respeitam a liberdade alheia também.

São distraídos e prestativos, bem vaidosos, e apesar de serem encantadores e populares, prezam também o isolamento, a solidão, e a observação discreta, como a curiosidade e a introversão, virtudes esperadas de um grande caçador.

Há uma ideia equivocada que não se deve comer as oferendas dos Orixás. Na África, o Orixá come com o homem, tudo o que se fizer para um Orixá pode ser consumido e compartilhado entre os filhos, independente do rito. Ogum diz: "Quanto mais pessoas e amigos em ajõ (reunião), mais benefícios tem aquela obrigação".

As festas de Oxóssi são cheias de fartura de frutas e outras comidas, que são divididas com a comunidade, pois o Orixá não gosta de egoísmo, segundo ele o pior defeito que existe. Ogum e Oxóssi são Orixás que dividem qualquer tipo de benefício com a comunidade. Quando Oxóssi cultiva um grande milharal, tem o prazer de compartilhá-lo com seus irmãos, filhos, amigos e vizinhos, como no ditado que diz: "que é dando que se recebe". Quando o ser humano aprende que precisa partilhar, ele cresce com prosperidade cada vez que divide algo.

Os filhos de Oxóssi são às vezes rudes, mas ao mesmo tempo faceiros, encantadores, fascinantes. As pessoas ficam encantadas por eles e também eles próprios se encantam. Quando se apaixonam por alguém, é de corpo e alma, não conseguem viver sem esse amor. Vivem intensamente, querem intensamente, namoram intensamente, porque tudo de Oxóssi é intenso, porém quando se decepcionam é que surge o risco da depressão, da tristeza e da saudade.

Oxóssi tem a pedra do boi como seu Okutá, que pode ser usada junto com uma pedra da mata, de rio ou de cachoeira.

Esse Orixá tem uma função importante na formação da sociedade, pois a sabedoria da caça representa o controle da natureza através da cultura, ou seja, do conhecimento humano, que permite a sobrevivência diária. Representa a superioridade de um ser frágil como os humanos, para que se sobreponham à natureza selvagem.

Oxóssi é um Orixá astuto, inteligente, cuidadoso, mas também rebelde característica que aparece em muitas de suas lendas. Ele é um Orixá que valoriza muito a liberdade, não se prende a nada nem a ninguém.

Embora deus da caça, Oxóssi não aceita a caça predatória, só admite matar os animais para alimento de homens e deuses. Logo, possui a sabedoria de usar a natureza, mas sem desrespeitá-la ou atacá-la. Os símbolos principais ligados a esse deus são o ofá (arco), a damatá (flecha) e o erukerê (detentor de poderes mágicos, que controlam os espíritos da floresta). Chifres de boi também fazem parte dessa simbologia, pois estão ligados à virilidade.

Ao lado dessa simbologia, Oxóssi chamado de Aláketu, título oficial dos reis de Kêtu, Rei da caça, Senhor das Veredas, sua história e seu culto são um dos mais ricos. Sua dança é o aguerê e é também considerado como Ashésé: a origem das origens, dos descendentes. Rege as árvores, a fauna e a flora. Segundo algumas lendas, Oxóssi é filho de Iemanjá com Osalá, o irmão mais novo de Ogum.

Diz uma das lendas, que certo dia Oxóssi chegou a sua aldeia, quase arriando pelo peso da capanga, das cabaças vazias e pelo cansaço de rastrear a caça rara. Osun, sua mulher e mãe de seu filho, olhou-o e pensou: "só caçou desgraça". A desgraça para Oxóssi foi prevista por Ifá, que alertou Oxum.. Porém, quando ela contou a Oxóssi essa previsão, ele disse que desgraça era a fome, a mulher sem leite e a criança sem carinho. E que desgraça maior era o medo do homem. Quando Oxóssi se aproximou de Osun, ela notou que ele trazia algo na capanga, sentiu medo e alegria. Havia caça na capanga do marido e ela imaginou se seria um bicho de pelo ou de pena. Ansiosa, perguntou a ele, que respondeu: "Trago a carne que rasteja na terra e na água, na mata e no rio, o bicho que se enrosca em si mesmo". Falando isso tirou da capanga os pedaços de uma grande dan (cobra). O bicho revirava a cabeça e os olhos, agitava a língua partida e cantava triste: "Não sou bicho de pena para Oxóssi matar". A grande dan pertencia a Xangô, e Oxóssi não poderia matá-la. Osun fugiu temendo a vingança de Xangô, indo até Ifá que disse: "A justiça será feita, assim o corpo de Oxóssi desaparecerá da memória de Oxumarê e a quizila desaparecerá da vingança de Xangô".

Também faria parte da punição, que ele saísse da memória do povo de Kêtu. Desse modo, Oxóssi ficou esquecido 7 anos. No dia de Orunkó (o nome de santo de cada um), o povo de Kêtu começou a chorar por não se lembrar do nome de seu rei. Baixaram os olhos e tentaram compreender por que nunca se lembravam dele. Então, Ifá ensinou-lhes um orô, – a reza que se faz para sacrifício de animais.

Após o orô, o povo começou a lembrar-se dele. Ifá disse que esse era o orô de Oxóssi, o Orixá caçador, corajoso Rei de Kêtu e Rei da caça, que nada temia e preservava a vida de seus filhos e dos filhos dos filhos e seus filhos. Oxóssi não morreu, ele se encantou para sempre, e como teme o frio, por essa razão não gosta de Iku, a morte.

Aspectos gerais

- **Dia**: quinta-feira.
- **Data**: Corpus Christi (BA), 23 de abril (SP), 20 de janeiro (RJ).
- **Elemento**: terra (florestas e campos cultiváveis).
- **Cores**: azul-celeste, azul-turquesa.
- **Pedras**: turquesa, água-marinha.
- **Folhas**: aroeira, peregun (pau-d'água), erva-pombinho (quebra-pedra), pega-pinto, alecrim do-campo.

Oferenda

Preparar meio quilo de feijão-fradinho. Escolher bem e, depois, torrá-lo na panela com um pouco de sal. Depois de torrado, deixá-lo separado numa vasilha.

Escolher seis frutas diferentes e cortá-las em seis pedaços cada uma. Descascar seis espigas de milho cruas. Embaixo de uma árvore bem bonita, antes de arriar as oferendas, lavar o tronco da árvore com o caldo de cana fazendo os pedidos.

Os três primeiros punhados de feijão-fradinho devem ser jogados sobre a mata ou sobre a árvore, chamando por Oxóssi. Nos pés da árvore, colocar o que sobrou de feijão-

-fradinho e em volta todas as frutas cortadas, as seis moedas e o melado de cana por cima. Por último, colocar as seis espigas de milho circundando toda a árvore.

- **Saudação:** Òké Aró!!! Arolé!!!

OSSAIM

Ossaim é a medicina e o encantamento, o grande feiticeiro da mata e o grande bruxo no bom sentido que faz poções virarem remédios maravilhosos. No início dos tempos, todas as folhas pertenciam a Ossaim que depois estipulou qual era a folha de cada Orixá.

Ossaim tem relação direta com Oxóssi, há até tem quem diga que houve um amor e afetividade entre eles.

Se Oxóssi fica numa parte da mata, Ossaim vai mata adentro. A ligação entre esses dois Orixás segundo os mitos, vem do fato de que Ossaim ensinou a Oxóssi o segredo das folhas, ou que Ossaim deu uma poção mágica para que Oxóssi ficasse na mata. Existem determinadas folhas que curam na hora certa, assim como muitos segredos que o homem desconhece e que pertencem a Ossaim e a outros Orixás como Oronian.

Esse Orixá é uma das bases no Candomblé, porque sem as folhas, que estão sob seu domínio não se pode realizar nenhum ritual ou cerimônia, pois o poder de despertar o axé do "sangue verde", só se alcança através desse deus, que é uma vibração semelhante à fertilização da terra pela água da chuva. Por ser detentor do poder das folhas, faz milagres e traz a riqueza material. Além disso, realiza a cura da matéria e do espírito, dá a saúde e a prosperidade.

Quando o sacerdote vai obter folhas, ele não pega as da beira de estrada, mas entra na mata, porque a beira de estrada é regida por Ogum. As ervas que ficam nesse lugar, geralmente, não têm tanta energia positiva, uma vez que estão expostas aos pedestres, portanto não são como as que estão no interior da mata, onde as ervas podem ser rasteiras, ter árvores grandes e pequenas entre outros arbustos Vale ressaltar que as folhas não devem ser colhidas à noite, pois energeticamente estão dormindo.

A permissão de apanhar folhas de dia é justamente porque estas também sentem as transformações e os ataques energéticos. Além disso, as energias mudam constantemente no decorrer do dia. Pela manhã é de uma forma, ao meio-dia de outra, do meio-dia até às seis horas da tarde de outra, após às seis de outra e assim por diante. A energia do escurecer é regida por outras divindades que causam sentimentos melancólicos. Geralmente, quando a noite vai caindo, não sabemos se estamos saudosos ou tristes, surge um sentimento depressivo que não conseguimos compreender. Essa mudança é gerada por Iku, das Iamis, de Nanã, de Abiku e de Egun – nossos ancestrais.

Porém, a utilização das folhas é essencial, pois sem elas não há Candomblé. Não existe nem remédio, porque muitos deles são produzidos à base de ervas. Ossaim habita 24 horas no mato e dele não sai. Ele é o encanto da cabaça com as folhas, o médico que conhece os elementos das ervas, o masculino e o feminino, a essência de montar as poções, para que Obaluaiê atue na cura. Ossaim sabe que as folhas têm os elementos ar, água, fogo e terra. É um dos Orixás mais complexos dentro da liturgia do Candomblé.

As folhas desse deus veiculam o axé oculto, pois o verde é uma das qualidades do preto. As folhas e as plantas constituem a emanação direta do poder da terra fertilizada pela chuva. São como as escamas e as penas, que representam o procriado. O sangue das folhas é um dos axés mais poderosos, que traz em si o poder do que nasce do que advém.

Ossaim está presente em todas as folhas, por isso quando a mata é queimada ele fica revoltado com o ser humano, que destrói a força da natureza, que é responsável pela cura de todas as doenças que existem e as que ainda não surgiram.

As árvores têm vida assim como seus galhos e suas folhas. Então, não se deve arrancar os galhos, principalmente quando se vai fazer uma cama de iaô. De preferência é bom retirar o mínimo possível de galhos, apenas tirar a folha e deixar a planta para que as folhas brotem de novo. As folhas possuem propriedades masculinas e femininas. Nunca se deve arrancar uma planta ainda em formação também.

O desmatamento como ocorre na Amazônia, gera uma cobrança da natureza, que não fala, mas reage com força. Quando ocorre esse ataque, é Ossaim em surgimento. O poder desse Orixá é imenso.

O Okutá de Ossaim é encontrado na mata e lavado com folhas de peregum, abre-caminho e aroeira, deixadas de molho. Os preceitos são feitos na cabaça para assentar o Orixá como muitos sacerdotes fazem. Ossaim é o dono do segredo representado pela cabaça, que é um dos elementos da natureza mais usados no Candomblé e nos rituais. A cabaça é como se fosse o Ibá, a barriga do feto.

Os filhos de Ossaim não deixam suas emoções influenciar as opiniões que têm a respeito de outras pessoas. São equilibrados e cautelosos, com grande discernimento e imparcialidade, com tanta razão diante de decisões que chegam a aparentar frieza em alguns momentos.

Assim como os filhos de Oxóssi, eles são reservados, e também evitam a intromissão em assuntos alheios que não lhes dizem respeito. Por conta desse isolamento social, não costumam participar de atividades festivas, pouco comentam sobre sua vida pessoal, optando por manter o mistério, mesmo que não haja nada de grave a esconder.

Outras características importantes deles são a calma e a paciência, pois são minuciosos e detalhistas em todas as atividades que realizam. É como se fizessem tudo em um processo artesanal e perfeccionista, por isso preferem o isolamento. Também são independentes, adoram a liberdade e a obediência à hierarquia com chefes e empregados não é algo que apreciem muito. Apesar disso, admiram tradições e regras, mas adoram questionar os rituais para entendê-los, pois são extremamente ligados às religiões, devido aos ritos comuns em todas elas.

Originário de Iraô, atualmente na Nigéria, fazem parte dos 16 companheiros de Odùdùwa quando na chegada de Ifá. Patrono da vegetação rasteira, das folhas e de seus preparos, defensor da saúde, é a divindade das plantas medicinais e litúrgicas. Cada Orixá tem a sua folha, mas só Ossaim detém seus segredos. E sem as folhas e seus segredos não há axé, portanto sem ele nenhuma cerimônia é possível.

Ele vive na floresta em companhia de Aroni, por isso as colheitas das flores devem ser feitas com extremo cuidado, sempre em lugar selvagem, onde as plantas crescem livremente. Deve-se estar em estado de pureza para essa colheita, abstendo-se de relações sexuais pelo menos três dias precedentes, indo à floresta durante a madrugada sem dirigir a palavra a ninguém. Além disso, deve-se ter o cuidado de deixar no chão uma oferenda a Ossaim logo que se chegue ao local. Ele usa uma cabeça chamada Igbá--Osanyin. Fuma e bebe mel e pinga.

Ossaim também é um feiticeiro, por isso é representado por um pássaro chamado eleyê, que reside em sua cabeça. As proprietárias do pássaro do poder são as feiticeiras. Ele ainda carrega consigo 7 lanças com um pássaro sobre uma haste, o qual é seu mensageiro e voa para trazer-lhe notícias. Esse Orixá está intimamente ligado a Orunmilá, o Senhor das Adivinhações. Essas relações, hoje cordiais e de franca colaboração, no passado atravessaram períodos de rivalidade. Algumas lendas refletem as lutas pela primazia e pelo prestígio. Conta uma delas como Ossaim virou escravo de Orunmilá (Ifá). Dizem que este último precisava de um escravo e como Ossaim estava por perto foi o comprado. Na hora de começar o trabalho, esse Orixá percebeu que iam cortar as ervas que curavam a febre, as dores de cabeça e outra que supria as cólicas. "Na verdade, não posso arrancar ervas tão necessárias" – disse ele. Orunmilá tomando conhecimento do fato quis saber quais eram aquelas ervas tão importantes. Convencido do valor de Ossaim decidiu que ele ficaria sempre ao seu lado durante as consultas.

Aspectos gerais

- **Dia:** quinta-feira.
- **Data:** 5 de outubro.
- **Elemento:** terra (floresta e plantas selvagens).
- **Cores:** verde e branco.
- **Pedra:** esmeralda.
- **Folhas:** peregun, são-gonçalinho, garobinha (mas todas as folhas são de Ossaim)

Oferenda

Preparar meio quilo de milho de galinha. Primeiramente, escolher com cuidado e, depois, deixar de molho por algumas horas. Cozinhar bem na panela de pressão. Num alguidar, misturar o milho com mel. Numa cabacinha pequena, acrescentar um pouco de gim e mel.

Levar para um local onde tenha mata e sobre uma folha de mamona despejar o milho com mel. Por cima desse preparado, colocar sete moedas, a cabacinha com a bebida e acender um cachimbo com fumo. Dar algumas "baforadas" e chamar por Ossaim em seus caminhos.

- **Saudação:** Ewé ó!!!

OBALUAIÊ

Obaluaiê é o Orixá da superfície e do interior da terra, onde está ligado ao fogo pela atividade vulcânica. As oferendas mais tradicionais desse Orixá são as pipocas, também chamadas de deburu.

Esse Orixá é conhecido por muitos nomes como Obaluaê, Omolu, Sapatá ou Xapanã. Na África, também não tem uma região única, dizem que era um conquistador implacável e cruel, que passou por todas as regiões, então é conhecido em Nupê, Empê, Mahi e Daomé. É um deus que desperta muito temor, por ser o dono e senhor da cura e da doença, pois detém o conhecimento das duas faces da saúde.

Dentro da simbologia, ele usa um objeto chamado xaxará, feito com vários palitos de dendezeiro e também com pequenas cabaças. Por meio desse objeto, consegue curar doenças coletivas e contagiosas.

Obaluaiê é filho de Nanã, junto com Iroko e Oxumaré. Orixá sério e implacável, ao contrário do que muitos pensam, não está ligado ao cemitério, local em que não deve ser cultuado nenhum Orixá, pois Orixá é axé, é vida, e as energias desse lugar são contrárias a esse princípio.

Pertence a esse Orixá uma das festas mais celebradas e conhecidas no Candomblé: o Olubajé, que é comemorado anualmente em quase todas as casas de santo. Essa celebração realizada geralmente no mês de agosto consiste em um grande banquete oferecido para Obaluaiê e a todos os Orixás, lembrando que Obaluaiê não traz só a saúde, como também a fartura, já que é ligado a terra, e esse último poder é pouco conhecido ou esquecido por muitos.

Esse deus gera em seus filhos muitas características entre elas uma que de certo modo torna difícil a questão dos relacionamentos. Dotados de pessimismo e intransigência sentem certo prazer em demonstrar seu sofrimento. O desânimo é outra peculiaridade da formação de seus filhos que contaminam o otimismo de todos. Como reclamam muito de tudo, ganham o perfil de pessoas idosas mal-humoradas, ou como se diz popularmente, velhos rabugentos. Devido à amargura profunda que carregam por vezes se tornam vingativos, perversos e irritantes. Apesar desses pontos complicados, não possuem ambições elevadas e são grandes amigos, prestativos e trabalhadores.

Obaluaiê é considerado o primeiro missionário, o primeiro curandeiro, o primeiro andarilho do mundo. Costuma-se associá-lo à Idade da Pedra. Esse Orixá Obaluaiê não usa Okutá, pois ele já é o próprio alguidar ou o cuscuzeiro, a quartinha e o ajerê feito de pedras minúsculas como grãos de areia. O Okutá que encanta Obaluaiê é o kolobô, o próprio barro. Ao se pegar a terra e misturá-la para produzir o kolobô, já se está retirando da terra o próprio Okutá, o qual se completa com muitos búzios, determinadas folhas e outros componentes encantatórios.

No mundo primitivo dos Orixás, o moinho era a pedra. Os ingredientes que compunham os acarajés de Iansã, por exemplo, eram todos ralados na pedra. Em algumas casas de Candomblé na Bahia, uma vez por ano o ritual de amassar o feijão- fradinho com a pedra ainda é reproduzido. Tudo era de pedra. Obaluaiê já peregrinava sobre a terra pregando e curando pessoas de epidemias. Existem Orixás que não têm Okutá propriamente dito, como Obaluaiê já mencionado e Ogum. Este é só ferro e o de Obaluaiê é fabricado dentro do terreiro com terra.

O lugar de origem de Obaluaiê é incerto, há grandes possibilidades de que tenha sido em território Tapá (ou Nupê) se esse é ou não seu território de origem seria pelo menos um ponto de divisão dessa crença.

Conta-se em Ibadã, que Obaluaiê teria sido antigamente o Rei dos Tapás. Uma lenda de Ifá confirma essa suposição. Obaluaiê era originário de Empê (Tapá) e havia levado seus guerreiros em expedição aos quatro cantos da terra. Uma ferida provocada por suas flechas tornava as pessoas cegas, surdas ou mancas.

Obaluaiê adentrou ao território Mahi, ao norte de Daomé, agredindo e desmandando seus inimigos. Pôs-se a massacrar e a destruir tudo que encontrava pela frente. Os mahis, porém, tendo consultado um babalô, aprenderam como acalmar Obaluaiê, com oferendas de pipocas. Assim tranquilizado pelas atenções recebidas, mandou-os construir um palácio, onde passou a morar, não mais retornado ao país de Empê. A região Mahi prosperou e a população encontrou a paz. Apesar dessa escolha, Obaluaiê continua a ser saudado como Kábíyèsí Olútápà Lempé (Rei de Nupê, em país Empê).

Esse Orixá é o símbolo da terra, médico dos pobres, Senhor das Epidemias e deus da bexiga (doença de pele). Isso explica os castigos relativos a doenças da epiderme como dermatose, varíola, lepra etc. Como essas doenças começam com vômitos, sob sua guarda encontram-se as plantas estomacais e depurativas. As pústulas das doenças são consideradas "vulcões" (simbolismo), assim como a panela de barro emborcada nos assentados do santo simboliza a marca deixada pela doença.

Obaluayê representa a terra e o sol, aliás, ele é o próprio sol, por isso usa uma coroa de palha (azê) que esconde seu rosto, porque sem ela as pessoas não poderiam olhá-lo, uma vez que é impossível olhar o sol diretamente. Outro simbolismo desse Orixá está relacionado com os troncos e os ramos das árvores e transporta o axé preto, vermelho e branco.

Sua matéria de origem é a terra e, como tal, ele é o resultado de um processo anterior. Relaciona-se também com os espíritos contidos na terra. O colar que o simboliza é o ladgiba, cujas contas são feitas de sementes existentes dentro da fruta do Igi-Opê ou Ogi-Opê, palmeiras pretas. Além disso, há também brajá, um colar longo de cauris.

Obaluaiê é o patrono dos cauris e do conjunto de 16 búzios, que reina do instrumento ao sistema oracular. Seu poder está extraordinariamente ligado à morte. *Oba* significa rei (Oni), *Ilu* espíritos e Aiê significa terra, ou seja, Rei de Todos os Espíritos do Mundo.

Ele lidera e detém o poder dos espíritos e dos ancestrais, os quais o seguem. Oculta sob o saiote o mistério da morte e do renascimento (o mistério do gênesis). Ele é a própria terra que recebe nossos corpos para que se transformem em pó.

Obaluaiê mede a riqueza com cântaros, mas o povo esqueceu-se de sua riqueza e só lembra-se dele como o Orixá da moléstia.

Aspectos gerais

- **Dia**: segunda-feira.
- **Data:** 13 ou 16 de agosto.
- **Elementos:** terra e fogo do interior da Terra.
- **Cores:** vermelho, preto e branco.
- **Pedra:** turmalina negra.
- **Folhas:** Canela-de-velha, picão, erva-de-bicho, vela-me, manjericão roxo, barba-de-velho e mamona.

Oferenda

Esquentar um pouco de areia do mar em uma panela e colocar o milho de pipoca. Tampar a panela e ficar atento para que as pipocas estourem sem deixá-las queimar. Separar sete folhas de mamona fresca (conhecida também como folha do corpo) e algumas fatias de coco fresco.

Embaixo de uma árvore ou na mata, passar as folhas de mamona sobre o corpo, fazendo uma limpeza energética e colocá-las no chão. Esparramar as pipocas e por cima as fatias de coco e as sete moedas. Fazer seus pedidos e chamar pelo axé de Obaulaiê.

- **Saudação:** Atotoó!!!

OXUMARÊ

Esse Orixá domina o dinamismo, o movimento e os ciclos. A energia de Oxumarê está relacionada às dualidades e às impermanências necessárias ao planeta. É preciso que haja dia e noite, sol e chuva, as estações do ano e até mesmo os movimentos de rotação e translação da Terra. As mudanças são necessárias o tempo todo.

Venerado como Orixá da riqueza, liga o céu e a terra através do arco-íris, que é seu símbolo. Esse deus garante a renovação, que determina paradoxalmente a unidade no universo, por meio de energias contrárias e complementares.

Todo o simbolismo desse Orixá está associado a elementos longos, como o arco-íris já mencionado. Representam Oxumarê também as palmeiras, o cordão umbilical e a serpente, que geralmente aparece mordendo o próprio rabo, formando um círculo e dando a ideia de renovação cíclica. Tanto o arco-íris como a cobra, transmitem a ideia de transição de opostos e renovação, o primeiro é a passagem da tempestade para o sol radiante e o segundo, é um animal que troca de pele de tempos em tempos por toda a vida.

Oxumarê se manifesta constantemente em cachoeiras, pois as gotículas formadas pelas quedas de água formam um arco-íris permanente.

Filhos desse Orixá possuem características sintonizadas às energias já descritas, uma vez que levam a vida em ciclos, são mutáveis, inconstantes, não apresentam nenhuma resistência em promover mudanças drásticas e abandonar o passado, trocando de amigos, casa, carreira, trabalho, cidade, religião e opiniões constantemente.

Como Oxumarê é considerado o Orixá da riqueza, seus filhos também prezam pela ostentação que podem alcançar, gostam de prosperidade, em parte são exibicionistas e até orgulhosas, no entanto sabem ser generosos quando é preciso. O movimento, a rapidez e a fluência fazem parte do modo de ser dos filhos desse deus que não costumam ficar passivos diante de nenhuma situação, geralmente alcançando grande parte dos objetivos estabelecidos em sua vida.

Oxumarê era um babalaô (senhor predestinado a adivinhação) e não um babalorixá (predestinado ao jogo de búzios), por isso alguns filhos desse deus não incorporam.

Filho de Nanã, em uma das lendas, e irmão de Obalúaié, ele se paramenta de búzios como o brajá (longos colares enfiados de maneira aparecer escamas de serpente) e com colar de lagdbá (relação com a terra e os ancestrais). Representa a sabedoria, o equilíbrio ecológico e a evolução. Ainda é patrono do arco-íris e de outros fenômenos da atmosfera relacionados ao conceito de terra e infinito, além do símbolo da fecundidade e da eternidade. Oxumarê é a mobilidade e a atividade, já que dirige as forças que produzem o movimento.

Ele é o senhor de tudo cujo formato seja alongado como o cordão umbilical que sob seu controle é enterrado em geral embaixo de uma palmeira, a qual se torna propriedade do recém-nascido, cuja saúde dependerá da boa conservação dessa árvore. É o símbolo da continuidade e da permanência e, algumas vezes, é representado por uma serpente que se enrosca e morde a própria cauda. Enrola-se também em torno da terra para impedi-la de se desagregar. Acredita-se que se Oxumarê perdesse as forças seria o fim do mundo, eis uma excelente razão para não negligenciar suas oferendas.

Sendo ao mesmo tempo macho e fêmea, muitas controvérsias surgem quanto a dualidade desse Orixá, porém ele é um deus masculino. Essa natureza dual se expressa também nas cores vermelha e azul que compõem o arco-íris. Ele representa também o bem, a riqueza e os benefícios mais apreciados no mundo dos iorubas. Daí a lenda que no fim do arco-íris encontra-se um pote de ouro para ser dado ao homem quando de sua vinda a terra.

Os eleguns de Oxumarê trazem na mão um eberi (espécie de vassoura feita com nervuras das folhas das palmeiras), outras vezes seguram também uma serpente de ferro forjado.

Quanto às oferendas destinadas a esse deus, estas devem ser entregues em lagoas ou em poços de água.

Os orikis (rezas) de Oxumarê são bastante descritivos como esta que traduzimos do iorubá: "Oxumarê que fica no céu, controla a chuva que cai sobre a terra, chega à floresta e respira como o vento. Pai, venha até nós para que cresçamos e tenhamos longa vida".

Dizem que Oxumarê vive no céu e que vem a terra para beber água e que carregou a água do mar para o palácio de Xàngó.

Pelos mitos, este babalô começou a vida com um longo período de mediocridade e mereceu, por essa razão, viver explorado por Olofim-Odùduwà, Rei de Ifé. Consultava a sorte de quatro em quatro dias, mas o rei remunerava mal o seu serviço e Oxumarê vivia em estado de semipenúria. Um dia foi chamado por Olokum, o mais rico dos Orixás, cujo filho sofria de um estranho mal que o impedia de manter-se sobre as próprias pernas. Os cuidados de Oxumarê curaram a criança e ele voltou para Ifé repleto de presentes e ricamente vestido do mais belo azul. Olofim, para rivalizar-se em generosidade com Olokum, deu-lhe ainda uma roupa vermelha. Olodumaré (o Deus supremo) tinha uma doença nos olhos e mandou chamar Òsùmàrè. Uma vez curado, recusou-se a se separar dele. Desde então, Oxumaré reside no céu, só retornando a terra no arco-íris.

Aspectos gerais

- **Dia:** terça-feira.
- **Data:** 24 de agosto.
- **Elemento:** ar (céu) e terra.
- **Cores:** amarelo mesclado com verde, amarelo pintado com preto e todas as cores do arco-íris.
- **Pedra:** zirconita.
- **Folhas:** Folha de café, alfavaca-de-cobra, jiboia e oriri.

Oferenda

Cozinhar quatro batatas-doces com casca até deixá-las ao dente para não ficar muito mole. Abrir cada batata em duas partes e separá-las.

Numa panela, esquentar azeite de dendê e passar as batatas cortadas.

Em uma mata, procurar um pedaço de cipó ou qualquer folha que cresça como as conhecidas "trepadeiras".

Fazer uma rodilha como se fosse uma serpente no pé de uma árvore. Sobre essa rodilha, oferecer as batatas-doces e em cada pedaço colocar uma moeda, fazendo seus pedidos e chamando por Oxumarê.

- **Saudação:** A Run Boboi!!!

NANÃ

Além de uma deusa que guarda muitos mistérios, é uma divindade muito complexa, pois está ligada a muitas angústias existenciais humanas, como a fertilidade, a morte e a transmutação de energias.

Nanã, que tem origem nos mitos de criação do mundo, simbolizando a união entre água e terra, está representada na natureza pela lama e pelos pântanos. Por ser um Orixá ancestral, é respeitada como mãe por todos os outros e também considerada mãe de Iroko, Obaluaiê e Oxumarê.

Sua origem africana provável se encontraria na região do antigo Daomé, onde hoje é a República do Benin.

Essa deusa em desequilíbrio pode ser a angustiante certeza do fim, que se não for controlada, se torna a morte em vida. Ela é considerada a mantenedora da vida, a que alivia o peso e o fardo que carregamos, enfim a que tira a negatividade da morte. Locais aparentemente mortos como águas lamacentas de pântanos ganham vida com as bênçãos de Nanã, materializadas em plantas como o oju-oro e o oxibatá. Portanto, ela é a dona da vida, a dona do barco da vida e quer a evolução do espírito.

Como Nanã é ancestral, anterior à Idade dos Metais, nos sacrifícios feitos em sua homenagem não se usam a faca ou outros metais cortantes.

Muito calmas e lentas, as filhas de Nanã são benevolentes, dignas e gentis. A tranquilidade delas reflete a energia da Orixá que não teme a morte, passando literalmente a ideia de possuir a eternidade para realizar suas tarefas. Por ter a maternidade fortemente arraigada em seu arquétipo suas filhas costumam gostar de crianças, as quais cuidam e educam muito bem, com doçura e zelo, como uma verdadeira matriarca, lembrando aquelas avós que criam os netos.

Por simbolizar também a lembrança, essa Orixá emana em seus filhos recordações do passado e saudosismo exagerado. Como todos os Orixás ligados à ancestralidade, podem possuir características próprias de ancião, como a teimosia e o rancor, o que não impede que tenham a sabedoria e o senso de justiça bem definidos.

Nanã ainda é a maravilhosa mãe que toma conta dos filhos e dos netos, inclusive é costume na Bahia chamá-la de vovó. Ela não tem ligação com a morte, mas com a vida. Se não houvesse vida não haveria morte e vice-versa, então essa deusa tem a morte como evolução para outra vida, uma continuidade da vida. A morte como transformação.

Nanã não usa Okutá à vista de todos e sim um kolobô ou um Okutá coberto. O kolobô vem de Obaluaiê. Como mãe de todos os Orixás, o respeito por ela é grande.

Sempre que se canta para Nanã, todos levam a mão em direção ao solo, pois ela é realmente a transformadora da terra, a grande matriarca, a grande mãe que não precisa da morte, que tem o espírito para se purificar, transformando a alma, removendo toda a negatividade da morte. Gerando transformações durante a vida das pessoas.

Nanã tem diferenciações na maneira de cultuar o Okutá, assim como Obaluaiê que é outro Orixá pai. No Brasil, costuma-se fazer o culto a Nanã só entre mulheres, sem a participação dos homens que são impedidos de tocar em qualquer coisa. Nanã assim como Ewá e Obá, geralmente não se inicia na cabeça de homens. Estudiosos como Pierre Verger, em seus livros relata que há na África o culto a Nanã com homens, mas este não é usual no Brasil.

O sacerdote que vai iniciar uma mulher em Nanã coloca a mãe pequena da casa, ou a Iakekerê ou a Ialaxé, uma ebômi para fazer os procedimentos, porque os rituais principais de Nanã são feitos fora da casa, por mulheres. Em certos casos o homem pode ajudar com sua força braçal como carregar um peso, por exemplo.

É interessante deixar claro que nem sempre quando sai uma mensagem de Nanã do Orixá no jogo de búzios, indicando que a pessoa vai morrer significa que essa morte seja física, essa mensagem pode fazer referência à morte no sentido de renascimento, crescimento espiritual e evolução.

Uma palavra nova que se aprende, um alimento diferente que se experimenta, é uma espécie de renascimento. Aquela novidade renasce dentro de cada pessoa. Quando se passa o milho no corpo de alguém para não morrer, para prosperar e viver, está se transmitindo a energia do Orixá Nanã, que é o renascimento da vida e o equilíbrio para enfrentar a certeza da morte.

Essa deusa é conhecida como a santa mais antiga da seita. Na sua oferenda usa-se o obé (faca) de madeira, que é anterior ao ferro. No que se refere à dança, prefere-se o satô (um ritmo de dança) a outras danças. Todas as eleguns de Nanás trazem na mão um cajado, no alto do qual está um pedaço de galho. Elas parecem rememorar a peregrinação dessa ialorixá realizada no passado. Elas dançam apoiadas em bastões, andando um pouco de lado com passos lentos. Os pés tocam o chão com certa precaução, suas atitudes imitam a fadiga de uma longa viagem. De vez em quando param, inclinam-se para frente para saudar e, depois, arqueiam o corpo para trás. Nesse momento, os que as assistem devem sustentá-las para evitar que caiam. Os eleguns de Naná dançam com a dignidade que convém a uma senhora idosa e respeitável. Seus movimentos lembram um andar penoso. Ficam apoiadas num bastão imaginário, que os eleguns, curvando-se para frente, parecem puxar para si. Em certos momentos viram-se para o centro da roda e colocam seus punhos fechados um sobre o outro, parecendo segurar o bastão, num gesto semelhante ao praticado na África.

O seu fundamento encontra-se nas águas paradas dos lagos e nas águas lamacentas dos pântanos. Estas lembram as águas primordiais que Odúdúwa (segundo a tradição do Ifé) ou Oranyan (segundo a tradição de Oyo) encontraram no mundo quando vieram a terra.

Nanã também é conhecida por Iniê e parece desempenhar um papel de Deus supremo em seus orikis (rezas). Em todos os templos há um assentamento sagrado salpicado de vermelho, o qual lhe é reservado e que só ela pode tocar. Sua roupa também é salpicada de vermelho e parece coberta de sangue. É a Orixá que obriga os fons (tribos) a falar nagô (ioruba) e a que mata uma cabra sem utilizar faca

É a ancestral feminina de todas as divindades aquáticas. Esposa mais velha de Oxalá, mãe de Omulu e Oxumarê. É a purificadora da atmosfera, a divindade das chuvas e seu elemento é o barro que moldou o mundo. Está associada à água, à lama e à morte. Os mortos e os ancestrais são seus filhos e são simbolizados pela haste do atori ou nervuras das palmeiras, dos quais é formado o ibiri (espécie de vassoura). Dizem que ela nasceu com o ibiri, e que não lhe foi dado por ninguém.

Nanã não se manifesta incorporando em homens, apenas em mulheres.

Aspectos gerais:

- **Dia:** sábado.
- **Data:** 26 de julho.
- **Elementos:** água (parada e lamacenta).
- **Cores:** branco com traços azuis ou roxos.
- **Pedra:** ametista
- **Folhas:** Folha da costa, folha de mostarda, mancá, oju-oro, oxibatá, papoula roxa, quarana

Oferenda:

Colocar duas xícaras de chá de feijão-fradinho de molho. Em seguida, de preferência, a própria pessoa que for fazer a oferenda, deve sentar num lugar tranquilo, solitário enquanto vai descascando todo o feijão, com calma e mentalizando a proteção de Nanã. Depois cozinhar o feijão-fradinho sem a casca deixando-o ao dente em panela comum. Separadamente, fazer um refogado de tempero com cebola, um pouquinho de gengibre ralado e azeite de oliva. Colocar o feijão já escorrido para refogar nesse tempero.

Separar uma folha de mamona, colocar o feijão dentro e um obi por cima. Entregar num pântano ou lagoa e oferecer para Nanã.

- **Saudação:** Salúba!!!

OXUM

*"Oxum era rainha, Na mão direita tinha
O seu espelho, onde vivia A se mirar."*

(*Canto de Oxun*, Toquinho)

Na Nigéria, mais precisamente em Ijexá, Ijebu e Oxogbó, corre calmamente o rio Oxum, a morada da mais bela rainha de todas as riquezas, protetora das crianças, mãe da doçura e da benevolência.

Generosa e digna, Oxum é a rainha de todos os rios. É a grande dona da fecundidade e do poder feminino.

São 16 as qualidades de Oxum, considerando que a sua personalidade varia muito de uma qualidade para outra. Aqui vale lembrar o ditado: "nenhum homem se banha duas vezes nas águas do mesmo rio", pois os momentos são únicos; portanto essa deusa se renova a cada instante e é isso que explica as diferenças tão marcantes entre suas qualidades.

Oxum é a deusa mais bela e mais sensual do Candomblé. É a própria vaidade, dengosa e formosa, pacienciosa e bondosa, mãe que amamenta e ama. Esse Orixá ainda é o amor em todas as dimensões que esse sentimento abrange e seu poder é tão grande que é capaz de tragar a força negativa (ajè).

O ovo, símbolo da gestação, fertilidade e criação, que pertence a Oxum, é a única coisa que quebra qualquer ajè. Todas as coisas que simbolizam Oxum remetem à ideia de fecundidade. Os peixes ou os pássaros, por meio de suas escamas e penas, evocam a multidão dos seus descendentes. Mãe ancestral suprema, essa ialorixá é considerada a protetora dos peixes, embora também seja representada pelos pássaros. O leque com espelho (abebé) é comum a todas as qualidades de Oxum. Ainda que seja o símbolo da vaidade dessa deusa, muitas vezes é usado como instrumento de guerra; Oxum, colocando-o contra o sol, ofuscando a visão dos inimigos.

Seu domínio é o subsolo do universo, suas características são a vaidade, o amor e a faceirice. Divindade única, genitora, ligada à procriação, patrona da gravidez, do desenvolvimento do feto, coloca o bebê sob sua proteção até que este adquira o conhecimento da linguagem para que Iemanjá possa educá-lo.. Foi a primeira Iyami encarregada de ser Olotoju Anon Omi (aquele que vela pelas crianças e cura). O seu axé principal é a atividade que rege esse conhecimento.

Na natureza, Oxum manifesta-se nas águas doces e cristalinas de rios, lagoas, nascentes e cachoeiras. É com essa água que cura os doentes, que trata os males do amor. Contudo, um rio de aparência calma pode esconder perigos, armadilhas, correntezas, buracos e redemoinhos. Não se deve brincar com a água, não se pode afrontar Oxum.

Os mitos contam que, quando os Orixás chegaram a terra, organizaram reuniões em que mulheres não eram admitidas. Oxum ficou aborrecida por ter sido deixada de lado, impedida de participar de todas as decisões. Como vingança, tornou as mulheres estéreis e impediu que as atividades desenvolvidas pelos deuses alcançassem resultados favoráveis. Desesperados, os Orixás dirigiram-se a Olodumaré e explicaram-lhe que as coisas iam mal na terra, apesar das decisões que tomavam em suas assembleias. Olodumaré disse-lhes que, sem a presença de Oxum e de seu poder sobre a fecundidade, nenhum de seus empreendimentos poderia dar certo. De volta a terra, os Orixás convidaram Oxum para participar de seus trabalhos, o que ela acabou aceitando, depois de muita insistência. Em seguida, as mulheres voltaram a fecundar e todos os projetos obtiveram felizes resultados.

Oxum é o poder do nascimento dentro do Candomblé, porque quando uma pessoa se inicia está nascendo, ou seja, a ialorixá ou o babalorixá estão gerando um novo filho. Há quem diga que Oxum foi a primeira ialorixá.

A principal fase de iniciação no Candomblé é quando o iniciado recebe o oxu, tornando-se adoxu, ou seja, aquele que possui oxu. Nesse momento, se abre o canal pelo qual o Orixá será fixado na cabeça do filho de santo.

Sendo Oxum a senhora da fecundidade e a iniciação no Candomblé um nascimento, ela se faz presente em todos os momentos de feitura, é a dona do oxu, aquela que possibilita a comunicação com os Orixás.

Quando um óvulo é fecundado, Oxum protege o feto e assegura-lhe a vida. No Candomblé, o processo é parecido. Oxum é evocada nos atos restritos do quarto de santo (runkó) e nas festividades públicas da iniciação, ou seja, na saída de iaô.

Entre os principais rituais que se cumprem em homenagem a essa ialorixá está o Presente de Oxum, que consiste em ofertar à deusa das águas doces, em sua morada, joias, perfumes, flores, enfim, tudo o que uma mulher vaidosa gosta.

Como os filhos de Oxum valorizam demais a opinião pública, procuram ser discretos e reservados a fim de não escandalizá-la preferindo contornar suas diferenças com habilidade e diplomacia. Outra característica deles é a obstinação em busca de seus objetivos.

Oxum é o arquétipo daqueles que agem com estratégia, que não perdem de vista suas finalidades; por trás de sua imagem doce se esconde uma forte determinação e um grande desejo de ascensão social.

Os filhos dessa deusa gostam de festas, badalações e de outros prazeres que a vida possa lhes oferecer. A tendência a uma vida sexual intensa, mas com muita discrição, faz parte do estilo de vida de seus filhos. Porém, eles não se desesperam por paixões impossíveis; por mais que amem alguém, o amor próprio deles é muito maior e o narcisismo exacerbado os impede de amar cegamente.

Graça, vaidade, elegância, certa preguiça, charme e beleza definem os filhos de Oxum, que apreciam joias, perfumes, roupas vistosas e tudo que é bom e caro.

O lado espiritual dos filhos de Oxum é bastante aguçado.

Oxum é chamada de Yalodê, título conferido à pessoa que ocupa um lugar de destaque entre todas as mulheres da cidade. Não bastasse isso, ela é a rainha de todos os rios e exerce seu poder sobre as águas doces, sem a qual a vida na terra seria impossível.

Quanto ao que se refere à dança, de preferência sob o ritmo de sua terra: Ijexá seus passos e gingado lembram os requebros de uma mulher vaidosa e sedutora.

Essa ialorixá não concede as coisas más do mundo. Ela tem remédios gratuitos e, por exemplo, faz as crianças tomarem mel. Sua palavra é meiga e deixa a criança abraçar seu corpo com as mãos. A mão da criança é suave, Oxum é afável. É cliente dos vendedores de cobre. Agita sua pulseira para ir dançar. Não há lugar onde não se conheça Oxum, sempre poderosa. Filha de Orunmilá e Iemanjá, conta-se ainda que ela foi a primeira Yaba, ou seja, a primeira zeladora de santo, raspando a cabeça da galinha-d'angola e quem colocou o primeiro adoxo (coroa), dando assim aos seus descendentes a forma atual.

A deusa das águas doces, símbolo da riqueza, do charme, da elegância foi a segunda esposa de Xangô, mas também em outros mitos, surge como esposa de Oxóssi, sua grande paixão.

Aspectos gerais:

- **Dia**: sábado.
- **Data**: 8 de dezembro.
- **Cor**: amarelo.
- **Elemento**: água doce (rios, cachoeiras, nascentes, lagoas etc.).
- **Pedra**: topázio.
- **Folhas**: macaçá, baronesa, vitória-régia, oripepê, ojú-oro, oxibatá, oriri, vassourinha de igreja.

Oferenda:

Pegar meio quilo de feijão-fradinho, lavar bem e cozinhar. Depois de cozido, refogar o feijão com azeite de dendê, acrescentar camarão seco defumado, cebola ralada e sal. Cozinhar cinco ovos, descascá-los e utilizá-los para enfeitar o omolucum.

Se quiser, decorar o omolocun também com camarões frescos.

- **Saudação**: Eri Yéyé ó!!!

LOGUN EDÉ

Logun Edé é o Orixá da riqueza e da fartura, filho de Oxum e Oxóssi, deus da terra e da água. É, sem dúvida, um dos mais bonitos Orixás do Candomblé, já que a beleza é uma das principais características de seus pais.

Caçador habilidoso e príncipe soberbo, Logun Edé reúne os domínios de Oxóssi e Oxum e quase tudo que se sabe a seu respeito gira em torno de sua paternidade.

Não é possível desconsiderar o processo cultural que deu origem ao Candomblé e às diferenças fundamentais que existem entre os cultos aos Orixás no Brasil e na África. O Candomblé é um 'resumo de toda África mística'. Muitos deuses, que na África mantinham a sua autonomia, no Brasil foram reunidos em um único Orixá e divididos em diversas qualidades.

Oxúm Yéyé Ipondá e Odé Erinlé são, respectivamente, as qualidades de Oxum e Oxóssi que se consideram os pais de Logun Edé.

Os brasileiros sabem cultuar um Orixá muito bem, que adquiriu tradição própria que difere, evidentemente, da africana. No Candomblé brasileiro, Oxóssi e Oxum são os pais de Logun Edé, um deus único que encontra em sua paternidade uma forma de existir e resistir, pois seu culto se mantém até hoje e é cada vez mais crescente no Brasil.

Os domínios de Logun Edé são as terras da floresta e as águas dos rios. Essa é a grande herança de seus pais. A caça e a pesca, ou seja, a alimentação é um de seus legados. Herdou tanto a beleza e agilidade do pai como a beleza e a riqueza da mãe.

Um dos mitos narra que Oxum teve uma grande paixão em sua vida: Oxóssi. No entanto, esse Orixá era casada com Ogum e não podia ter nada com Oxóssi. Em certa ocasião quando Ogum saiu para guerrear, Oxum aproveitou sua ausência e num encontro com Oxóssi dele, ela engravidou.

Nove meses depois, quando a criança estava para nascer, Ogum enviou recado que estava regressando. Oxum não podia mostrar a ele, seu verdadeiro marido a criança. Ela dera à luz um menino e o pôs sobre um lírio e ali o deixou e foi embora. Iansã passando viu aquela criança e sabia que ela era de Oxum, mesmo assim pegou e criou Logun Edé. Iansã o ensinou a caçar e a pescar. E Logun Edé viveu com Iansã durante muito tempo.

Existem dois mitos que contam o reencontro de Logun Edé com sua mãe Oxum.

O primeiro diz que certo dia Logun Edé saiu para caçar. Quando estava no topo de uma cachoeira, olhou para baixo e viu uma linda mulher sentada nas pedras, tomando banho e se penteando. Ele ficou fascinado pela beleza daquela mulher. Ele desceu da cachoeira e ficou olhando-a escondido. Oxum com seu abebê (espelhinho) viu que havia um homem observando-a e virou o abebê para ele. Nesse momento, Logun Edé se encantou e caiu nas águas em forma de um cavalo-marinho. Iansã quando soube do ocorrido, disse a Oxum que aquele menino que ela havia encantado era o próprio filho: Logun Edé, que um dia ela deixara sobre um lírio.

Oxum desfez o encantamento e determinou que a partir daquele dia Logun Edé viveria seis meses na terra com o pai, comendo da caça e seis meses com a mãe, comendo do peixe.

O segundo mito nos conta que Logun Edé, o menino caçador, andava pelas matas quando certo dia, da beirada do rio Alaketu, avistou em meio às águas um palácio muito bonito. Ao voltar para sua cidade, relatou a beleza daquele palácio e sua vontade de ir até lá. Disseram-lhe que era o palácio de Oxum, lugar onde nenhum homem punha os pés.

O tempo passou e Logun Edé não encontrava um meio de chegar ao palácio no rio. Em um encontro com a mãe de criação Iansã, esta lhe confirmou que no palácio de Oxum homem nenhum punha os pés, a menos que ele se vestisse de mulher. Logun Edé fascinado e obcecado pelo palácio pediu a Iansã que lhe arrumasse roupas femininas adequadas. Devidamente trajado, pegou sua jangada e se pôs no rio a caminho do palácio.

Chegando a terra cantou em reverência à mãe e as águas e pediu permissão à dona do palácio para sua entrada.

Os portões abriram-se e Logun Edé se misturou em meio às mulheres. Logo, Oxum, reconheceu o filho. A deusa disse que a partir daquele dia Logun Edé usaria saia, o que lhe daria o direito de reinar ao seu lado. Logun Edé para muitos é metade homem e metade mulher, mas isso não corresponde à verdade. Esse Orixá é masculino e herdou tanto a beleza e agilidade do pai como a beleza e a riqueza da mãe. Em Ilesa, uma das cidades mais prósperas da África, encontra-se o palácio de Logun Edé, cujos símbolos refletem a sua dualidade. A balança mostra sua instabilidade, suas duas medidas, ora próximo a Oxóssi, ora próximo a Oxum. O cavalo-marinho também remete à sua paternidade, uma vez que é metade cavalo (Oxóssi) e metade peixe (Oxum). Carrega arco e flecha (ofá) e leque com espelho (abebé), lembrando sempre que é filho do Grande Caçador e da Senhora da Vaidade.

Pouco se sabe sobre Logun Edé, tudo que se fala a seu respeito remete à sua paternidade. É preciso esclarecer que esse Orixá é independente, com história e culto específicos, embora possua características e domínios em comum com seus pais. Não é a variação nem qualidade de nenhum deles.

Logun Edé é filho de Oxum, mas é apresentado como caçador em todos os templos da África e nos Candomblés de tradição do Brasil. É, portanto, como caçador que deve ser cultuado, é como caçador que deve ser paramentado, e não como rainha. Logun Edé é um caçador que além dos animais da floresta aprecia os peixes do rio. Em suas vestes não podem faltar os peixes de metal dourados dependurados, as pulseiras de cobre ou latão (ides) e o abebé, que são os principais atributos de sua mãe Oxum. O maior tabu (ewó) desse Orixá são roupas de cor vermelha ou marrom que nenhum de seus filhos deve vestir.

Os filhos de Logun Edé possuem as características de Oxum, ou seja, narcisismo, vaidade, gosto pelo luxo, sensualidade, beleza, charme, elegância. Existem também características em comum com Oxóssi, ou seja, beleza, vaidade, cautela, objetividade e segurança.

No entanto há características de Logun Edé que não pertencem nem a Oxum nem a Oxóssi. Na verdade, ele reúne o arquétipo de ambos, mas de forma superficial. A superficialidade é a marca dos filhos de Logun Edé, porque eles, ao contrário dos filhos de Oxóssi ou Oxum, não têm certeza do que são nem do que querem. As qualidades de Oxum e de Oxóssi se amenizam em Logun Edé, mas em compensação, os defeitos se exacerbam. Dessa forma, os filhos de Logun Edé são extremamente soberbos, arrogantes e prepotentes.

Mas algo não se pode negar; os filhos desse Orixá são bonitos e possuem olhos de gato, algo que atrai e repele ao mesmo tempo. Tipo "bonitinho, mas ordinário" além de mandões, são os donos da verdade, os mais belos, cujo ego não cabe em si. O melhor é não lhes fazer elogios em sua presença, a não ser que se queira ver sua imensa cauda de pavão abrir-se em leque.

Quando têm consciência e conseguem controlar seus defeitos, os filhos de Logun Edé tornam-se pessoas muito agradáveis.

Aspectos gerais:

- **Dia:** quinta-feira.
- **Data:** 19 de abril.
- **Cores:** azul-turquesa e amarelo-ouro.
- **Elementos:** terra (floresta) e água (de rios e cachoeiras).
- **Pedras:** topázio e turquesa.
- **Folhas:** Oripepê e todas as folhas de Oxóssi e Oxum.

Oferenda:

Separar 250 gramas de milho, escolher bem, lavar e deixar de molho por algumas horas na água. Depois cozinhar o milho em panela de pressão. Fazer o mesmo procedimento com 250 gramas de feijão-fradinho (este não precisa deixar de molho na água). Num alguidar, misturar o milho e o feijão-fradinho cozidos. Cortar seis tiras de coco com casca e cozinhar cinco ovos. Assar qualquer peixe de água doce.

Na beira de um rio, colocar folhas de mamona e montar a oferenda de Logun Edé com a mistura de milho e feijão-fradinho. De um lado, colocar as seis fatias de coco e do outro, os cinco ovos descascados. Por cima de tudo, deixar o peixe assado.

- **Saudação:** Logun o akofá!!!!

IANSÃ

O maior e mais importante rio da Nigéria chamado Níger é imponente e atravessa todo o país. Rasgado, espalha-se pelas principais cidades através de seus afluentes e por esse motivo tornou-se conhecido com o nome Odó Oya, já que *Ya* em ioruba, significa rasgar, espalhar.

Esse rio é a morada da mulher mais poderosa da África negra, a mãe dos nove orum (céus), dos nove filhos e do rio de nove braços.

Embora seja saudada como a deusa do rio Níger, está relacionada ao elemento fogo. Na realidade, indica a reunião de elementos contraditórios, pois nasce da água e do fogo, da tempestade, de um raio que corta o céu no meio de uma chuva, é a filha do fogo –, Omo Iná. A tempestade é o poder manifesto de Iansã, rainha dos raios, das ventanias e do tempo que fecha sem chover.

Iansã é uma guerreira por vocação, sabe ir à luta e defender o que é seu, a batalha do dia a dia é a sua felicidade.

Ela sabe conquistar, seja no fervor das guerras, seja na arte do amor. Mostra seu amor e sua alegria contagiantes na mesma proporção que exterioriza sua raiva e seu ódio. Dessa forma, passou a se identificar muito mais com todas as atividades relacionadas ao aspecto masculino, que são desenvolvidas fora do lar; portanto não aprecia os afazeres domésticos, rejeitando o papel feminino tradicional. Iansã é a mulher que acorda de manhã, beija seus filhos e sai em busca do sustento.

O fato de estar relacionada a funções tipicamente masculinas não a afasta das características próprias de uma mulher sensual, fogosa, ardente; ela é extremamente feminina e suas inúmeras paixões mostram a forte atração que sente pelo sexo oposto. Oiá(Oya) teve muitos homens e verdadeiramente amou a todos. Graças aos seus amores, conquistou grandes poderes e tornou-se Orixá.

A primeira e principal esposa de Xangô foi Iansã, embora Oxum fosse a sua preferida. Iansã batalhadora dividia todas as tarefas com o marido, era o seu braço direito.

Até mesmo o compositor Caetano Veloso prestou homenagem a essa deusa compondo os versos: Iansã é a "senhora das nuvens de chumbo, senhora do mundo", ela "comanda os ventos e a força dos elementos".

O estrondo do trovão anuncia a chegada da tempestade, anuncia a chegada de Iansã, deusa dos ventos, dos tufões, e das águas agitadas. O vento é o grande domínio de Oiá, pois o ar em movimento é sinônimo de fogo, já que o vento propaga as chamas e sem o ar o fogo simplesmente extingue.

Além de estar relacionada à água das tempestades, também se relaciona às águas do rio Níger, onde é cultuada.

Quando da morte de seus filhos, Oiá se manifesta. A morte e seus mistérios não assustam Iansã, senhora dos eguns, que ajuda os desencarnados a seguirem para orun. Foi Oiá quem teceu a roupa de egun. Ela conhece o segredo, sabe o que há embaixo do pano, por isso egúngún respeita sua rainha, sua mãe Iansã, única que pode revelar o mistério da morte e do renascimento. Iansã é o vento que espanta a morte, a ventania que balança as folhas das árvores, que verga a palmeira-real e faz seu topo tocar o chão. Quando da morte de seus filhos, ela se manifesta.

Um dos rituais mais belos do Candomblé é quando Oiá, com seu tacho de cobre cheio de "fogo", dança ao ritmo ogó. Akàrà é um pedaço de fogo que Iansã engole ao lado de Xangô, mas também representa o bolinho de feijão-fradinho que Iansã distribui aos seus. O akàrà, mais conhecido como acarajé, deve ser vermelho como a brasa.

Juntamente com Xangô, Iansã carrega o ajerê, que é um pote com azeite em chamas. Iansã também pisa o tapete vermelho de fogo ao lado de seu marido, ergue sua saia e brinca sobre a fogueira.

Iansã troca fogo com Ogum, realizando uma das mais belas danças do Candomblé. Os atabaques anunciam o olorogun, o dia da guerra, e Iansã ergue seu saber convidando os demais guerreiros para o confronto. Chega Ogum, chegam Apará, Iyá Ogunté, Obá e Xangô, o último a chegar é Oxaguiã – a paz no meio da guerra – para apaziguar o coração de Iansã.

Nas casas que têm fundamento, mesmo distante, com Iansã é terminantemente proibido o sacrifício de carneiro, pois esse animal causou-lhe a infertilidade e, consequentemente, seu sacrifício nessas casas só traz dificuldades e impede que os empreendimentos deem certo. Da mesma forma, abóboras de qualquer espécie são ewó (interdições) de Iansã.

Oiá carrega espada e eruexim, um rabo de cavalo preso a um cabo de madeira, couro ou metal, um atributo que Oxóssi lhe concedeu. Com esse instrumento consegue controlar a força dos eguns.

Filha de Nãnã, deusa dos ventos, das tempestades, dos tufões e dos elementos aéreos ligados ao relâmpago.

De acordo com os mitos, Iansã, a primeira esposa de Xangô teria ido buscar três cabaças que estavam com Obaluaiê. Foi dito a ela que não abrisse as cabaças, as quais ela deveria trazer de volta a Xangô.

Iansã obedeceu ao pedido do marido e foi ter com Obaluaiê que também recomendou-lhe que não deixasse as cabaças caírem e quebrarem e, se caso isso acontecesse que ela não olhasse e fosse embora. Porém, Iansã desobedeceu à ordem e quebrou a primeira cabaça, desrespeitando as ordens de Obaluaiê. De dentro da cabaça, saíram os ventos que a levou para os céus. Quando terminaram os ventos, Iansã voltou e quebrou a segunda cabaça. Desta saíram eguns. Ela se assustou e gritou: – "Reiiii!" Na vez da terceira cabaça, Xangô apareceu e pegou para si a cabaça do fogo e dos raios.

Iansã tinha um temperamento ardente e impetuoso. Foi à única entre as mulheres de Xangô que no fim de seu reinado, seguiu-o em sua fuga para Tapá. Quando ele se recolheu para dentro da terra em Cosso, ela fez o mesmo em Yiá.

Outro mito bastante conhecido conta que Ogum foi caçar na floresta. Colocando-se a espreita, percebeu um búfalo que vinha em sua direção. Quando se preparava para matá-lo o animal parou subitamente, retirou sua pele e uma linda mulher apareceu diante de seus olhos. Era Oiá, Iansã. Ela escondeu a pele em um formigueiro e dirigiu-se ao mercado da cidade vizinha. Ogum apossou-se do despojo, escondendo-o no fundo de um depósito de milho ao lado de sua casa. Em seguida foi ao mercado fazer a corte à mulher búfalo. Ele chegou a pedi-la em casamento, mas Oiá recusou-se inicialmente. Entretanto, ela acabou aceitando quando de volta à floresta não mais achou sua pele. Iansã recomendou ao caçador não contar a ninguém que na realidade ela era um búfalo, um animal. Eles viveram bem durante alguns anos e ela teve nove crianças, o que provocou o ciúme das outras esposas de Ogum. Estas, porém, conseguiram descobrir o segredo da aparição da nova mulher. Logo, que o marido se ausentou, elas começaram a cantar: "Você pode beber, comer e exibir sua beleza, mas sua pele está no depósito, você é um animal." Iansã compreendeu a alusão. Encontrando sua pele, vestiu-a e voltando em forma de búfalo, matou as mulheres ciumentas. Em seguida, deixou para seus filhos os chifres, dizendo-lhes que em caso de necessidade batessem um contra o outro e ela viria imediatamente em socorro deles.

Para os filhos de Iansã, viver é uma grande aventura. Enfrentar os riscos e os desafios da vida são os prazeres dessas pessoas, tudo para elas é festa. Escolhem seus caminhos mais por paixão do que por reflexão. Em vez de ficar em casa, vão à luta e conquistam o que desejam.

Ao lado desses aspectos também são pessoas atiradas, extrovertidas e diretas, que jamais escondem seus sentimentos, seja de felicidade, seja de tristeza. Entregam-se a súbitas paixões e esquecendo o antigo parceiro, como se este nunca tivesse feito parte de sua vida, buscam novas aventuras. Isso não é sinal de promiscuidade, pelo contrário, os filhos de Iansã são extremamente fiéis a que amam, mas só enquanto amam.

O autoritarismo e a possessividade são tendências comuns aos filhos de Iansã, cujo gênio muda repentinamente sem que ninguém esteja preparado para essas guinadas. Os relacionamentos longos só acontecem quando conseguem o controle de seus impulsos. A partir de então, são capazes de viver o resto da vida ao lado da mesma pessoa, a quem permitem ser o dono da situação.

Os filhos de Iansã, na condição de amigos, revelam-se pessoas altamente confiáveis. Aos mais prudentes, no entanto, não é confiável segredar-lhes algo, pois, se mais tarde acontecer uma desavença, um filho dessa deusa não pensará duas vezes antes de usar tudo que lhe foi contado como arma.

Seu comportamento pode ser explosivo, como uma tempestade, ou calmo, como uma brisa de fim de tarde. No entanto, uma coisa o tira do sério: mexer com um filho seu é o mesmo que comprar uma briga de morte; agride qualquer um, cresce no corpo e na raiva, mata se preciso for.

Okutás de Iansã são colhidos no rio, porque todas as Iabás (mulheres) ou todos os Orixás saíram de um grande rio, o Níger, na África. Tudo acontece dentro do candomblé a partir da junção da água com a terra, que origina o surgimento do otá (pedra). Como ela dança-se sobre o fogo e sobre as águas. Os elementos de Iansã, geralmente os okutás são mais avermelhados, em tons terracota.

Aspectos gerais:

- **Dia:** quarta-feira.
- **Data:** 4 de dezembro.
- **Cores:** marrom, vermelho e cor-de-rosa.
- **Símbolos:** espada de cobre e o eruexim (rabo de boi ou de búfalo).
- **Elementos:** ar em movimento, fogo.
- **Pedras:** rubi e terracota.
- **Folhas:** para-raio, louro, flor-de-coral, brinco-de-princesa.

Oferenda:

Preparar nove acarajés fritos no azeite de dendê. Numa gamela, arrumá-los junto com nove folhas de louro e nove moedas. Dirigir-se até um bambuzal, com um pedaço/retalho de pano vermelho. Passar sobre o corpo e amarrar no alto do bambuzal chamando e saudando Iansã. Deixar ali a oferenda e reforçar suas intenções.

- **Saudação**: Epahei!!!

OBÁ

Obá é a síntese de toda mulher e por essa razão tornou--se protetora de todas as sociedades secretas de mulheres da África. Obá é a mulher consciente de seu poder, que luta e reivindica seus direitos, que enfrenta qualquer homem – menos aquele que tomar seu coração. Essa deusa abraça qualquer causa, mas se rende e se anula a uma paixão quando ama.

Embora tenha se transformado em um rio, Obá é uma deusa relacionada ao fogo, pois quem conhece o rio Obá, na Nigéria, sabe que é um rio de águas revoltas, em constante movimento, por isso é sinônimo de fogo. Para entender melhor essa ideia, basta lembrar que é do movimento das águas que surge a energia elétrica, uma evidente manifestação do fogo.

É a princesa guerreira, Orixá feminino de Nagô (ioruba), nascida de Orungá e do ventre de Iemanjá, após um incesto. Terceira mulher de Sàngó, depois de Oiá e Oxum é considerada por alguns irmã de Iansã. Ela desafiou e venceu as lutas, sucessivamente contra Oxalá, Sàngó e Orunmilá. Chegada a vez de Ògún, aconselhado por um babalaô, este preparou uma pasta escorregadia e espalhou-a no chão no lugar onde aconteceria a luta. Obá foi atraída até o lugar previsto e escorregou sobre a mistura. Ògún aproveitou-se para derrubá-la e possuí-la no ato. Dependendo do preceito, Iansã e Obá dançam juntas, pois geralmente, quando se toca para uma, toca-se para a outra também. Assim como Nanã, Obá não se inicia, nem incorpora em homens. Obá é saudada como Orixá do ciúme, mas não se pode esquecer que o ciúme faz parte do amor, portanto Obá é Orixá do amor, das paixões, com todos os dissabores e os sofrimentos que o sentimento pode acarretar. Obá tem ciúme porque ama. O lado esquerdo (òsi) sempre esteve relacionado à mulher e, por uma razão elementar, é o lado do coração. Quando essa princesa guerreira é saudada como guardiã da esquerda, isso quer dizer que é a guardiã de todas as mulheres, aquela que compreende os sentimentos do coração, já que pensa com esse órgão – berço das emoções e do afeto.

Como pode uma deusa ligada a esses sentimentos dedicar-se à guerra? Toda energia de suas paixões frustradas é canalizada para a guerra, tornando-se a guerreira mais valente, que nenhum homem ousa enfrentar. Obá supera a angústia de viver sem ser amada. Mas será que Obá nunca foi amada?

Essa ialorixá sempre foi amada por todos os homens que conquistou, mas ela não se impressiona com o gesto e sim com a palavra. Não basta presentear-lhe com uma coroa de búzios, uma espada ou um ofá de cobre; não adianta estender flores em seu caminho. Obá troca um palácio por uma tapera, troca todas as riquezas do mundo pela frase: "Eu te amo". E que mulher não daria tudo para ouvir essas palavras de um homem? Toda mulher é coração, toda mulher traz em si um pouco de Obá. Como o domínio de Obá são as coisas do coração: o amor, as paixões avassaladoras e o ciúme, ela entende bem esses sentimentos porque experimentou todos eles. Essa deusa sabe que a vida só compensa se houver amor, por isso deixou gravada em seu corpo a dor de todos os amantes, o perigo da paixão. Obá viu que paixão rima, mas não combina com razão.

As mulheres que se destacam em qualquer campo de atuação na sociedade quase sempre são de Obá, principalmente as que rompem os preconceitos e conquistam o poder no mundo masculino.

Todos os movimentos feministas que surgem contam com a sua proteção. Não é seu objetivo tomar o poder dos homens, eliminar a figura masculina de sua vida; ela quer caminhar ao lado do marido, dividir o prato e compartilhar as responsabilidades. O grande desejo de Obá é a igualdade, nada mais. Lagos, cascatas e rios de águas revoltas são os domínios de Obá, pois ela comanda o movimento constante das águas, que gera energia e remete ao poder do fogo. As cataratas, pelo volume e pela violência das águas, expressam sua presença. Nesse aspecto representa o contrário de Oxum, relacionada às águas calmas, que correm tranquilas, pelo menos na aparência.

Conta uma das lendas mais conhecidas que, quando Obá se tornou a terceira esposa de Xangô, uma grande rivalidade não demorou a surgir entre ela e Oxum. Esta era jovem e elegante, Obá era o oposto velha e usava roupas *démodé*. Ela não se importava com isso pois sua pretensão era monopolizar o amor de Xangô. Com esse objetivo, sabendo o quanto Xangô era guloso, procurava sempre surpreendê--lo com os segredos da boa culinária nas receitas, as quais Oxum utilizava quando preparava as comidas de Xangô.

Oxum, irritada, decidiu pregar uma peça em Obá. Um belo dia pediu-lhe que viesse assistir um pouco mais tarde à preparação de determinado prato, que segundo ela maliciosamente disse, realizava maravilhas junto a Xangô, o esposo em comum. Obá apareceu na hora indicada. Oxum tendo a cabeça atada por um pano, que lhe escondia as orelhas, cozinhava uma sopa, na qual boiavam dois cogumelos. Essa ialorixá mostrou-os a sua rival, dizendo-lhe que havia cortado as duas orelhas e colocando-as para ferver na panela, a fim de preparar o prato predileto de Xangô. Este quando tomou a sopa com apetite e deleite retirou-se gentil e apressado na companhia de Oxum.

Na semana seguinte era a vez de Obá cuidar de Xangô, e ela decidiu pôr em prática a receita maravilhosa. Cortou uma de suas orelhas e a cozinhou em uma sopa destinada ao marido. Este não demonstrou nenhum prazer em vê-la com a orelha decepada e achou repugnante o prato que lhe serviu. Oxum apareceu neste momento, retirou seu lenço e mostrou que as suas orelhas jamais haviam sido cortadas, nem devoradas por Xangô. Oxum então caçoou da pobre Obá, que furiosa precipitou-se sobre a rival. Seguiu-se uma luta corporal entre elas. Xangô, irritado, fez explodir seu furor.

Oxum e Obá, apavoradas, fugiram e transformaram-se nos rios que levam seus nomes. No lugar da confluência dos dois cursos de água, as ondas tornam-se muito agitadas em consequência da disputa das duas divindades.

Em sua dança marcial, Obá lembra que teve a orelha cortada e tapa com uma das mãos o lado do rosto mutilado. Até hoje reconstitui-se nos Candomblés sua briga com Oxum, e a dança de guerra de Oxum e Obá impressiona e emociona a todos.

As mulheres de Obá são valorosas e incompreendidas e o sofrimento acaba sendo parte de sua vida.. Essas pessoas têm a impressão de que tudo para elas é mais difícil, exigindo grande capacidade de luta e resistência, e então se entregam ao trabalho duro com afinco.

Os filhos de Obá não têm muito jeito de estabelecer um canal de comunicação afetiva com as pessoas, e isso tornam-nos duros e inflexíveis o que às vezes são brutos e rudes, afastando as pessoas de si. Isso se deve ao fato de que na maioria das vezes os filhos de Obá sofrem de certo complexo de inferioridade, julgando que as pessoas que deles se aproximam querem tirar-lhe alguma coisa. De fato, esse tipo de situação pode ocorrer com os filhos de Obá.

A sinceridade deles chega a ferir; expressam suas opiniões, fazem crítica e acabam magoando as pessoas, pois não se preocupam em ser agradáveis. Mas essa agressividade é puramente defensiva; os filhos de Obá são bons companheiros e amigos fiéis.

Não têm muita sorte no amor, pois são ciumentos e possessivos. Quando apaixonados, nunca são os senhores da relação, cedem a tudo e abdicam de todas as suas convicções.

Infelizes no amor investem todas as suas cartas em suas carreiras e, dentre as mulheres que se destacam profissionalmente numa sociedade machista, podem-se encontrar muitas filhas de Obá, as quais às vezes despertam a inveja de seus inimigos e podem sofrer algumas emboscadas, por isso devem vencer a tendência que possuem para a ingenuidade.

Aspectos gerais:

- **Dia:** quarta-feira.
- **Data:** 30 e 31 de maio.
- **Cores:** marrom-rajado, vermelho e amarelo.
- **Símbolos:** ofangi (espada) e um escudo de cobre. Ofá de cobre.
- **Elementos:** fogo e águas revoltas.
- **Pedra:** granada.
- **Folhas:** candeia, nega mina, folhas da amendoeira.

Oferenda

Cortar 21 quiabos em rodelas bem fininhas com a coroa (talo). Cozinhá-los com cebola, gengibre, camarão seco, azeite de dendê e sal a gosto. Em seguida, ferventar nove quiabos inteiros sem tempero e sem sal. Colocar o quiabo cozido dentro de um alguidar ou panela de barro e por sobre eles, os quiabos afeventados que deverão ficar deitados. Colocar 14 moedas e entregar na mata ou no pé de uma árvore pedindo para que Obá ouça seu chamado.

- **Saudação:** Obà Siré!!!

EWÁ

Ewá é o Orixá da beleza e dos mistérios, senhora do céu estrelado, rainha do cosmo. Hábil caçadora, Ewá está relacionada à mata, à água e ao ar; é a deusa dos rios e das lagoas, do céu cor-de-rosa, das florestas inexploradas. Essa rainha está nos lugares que o homem não alcança, onde só a natureza e os deuses se manifestam.

Irmã mais nova de Oxum, que domina parte de rios de água doce e esposa de Obaluaiê. Ewá escondeu debaixo de sua saia Orunmilá, que fugia da morte (Ikú) pelo rio. Este perguntou a Ewá se ela vira Orunmilá. Ewá replicou: "Sabe quem sou?" "Sim", – respondeu Ikú. "Você é a esposa de Obaluaiê, mas quero saber se você viu Orunmilá." Ewá indicou o caminho errado, salvando Orunmilá. Este, agradecido, deu-lhe o dom da vidência. Como teste, Ewá pensou algo e Orunmilá concedeu-lhe imediatamente a resposta, antes que ela fizesse a pergunta: "Sim, dentro em breve você terá um filho." E este foi o segundo grande presente que Orunmilá ofertou a Ewá.

Esse Orixá é simbolizado pelos raios brancos do sol, da neve, o sumo branco das folhas, o branco das cores do arco-íris; também os espermatozoides, a saliva e, ainda, o rio Yewa e a lagoa de mesmo nome. Orixá dos astros, guerreira valente, é também a Orixá das florestas. É uma santa muito difícil de aparecer no Brasil, ela requer muita consciência. Assim como Nanã e Obá, Ewá não se manifesta na incorporação em homens, apenas em mulheres.

As virgens contam com a proteção de Ewá e, aliás, tudo o que é imaculado conta com sua proteção; a mata e as moças virgens, os rios e lagos em cujas águas não se pode navegar ou nadar.

A própria Ewá, acreditam alguns, só pode ser iniciada em mulheres virgens (o que não se pode comprovar), pois ela mesma seria uma virgem, "a virgem dos lábios de mel da mata virgem". Ewá domina a vidência, atributo que o deus de todos os oráculos Orunmilá, lhe concedeu. Ewá era uma bela virgem que entregou seu corpo jovem a Xangô, marido de Iansã, despertando a ira da rainha dos raios.

Essa divindade tem como símbolos um ofá dourado (já que é caçadora), ou uma lança ou um arpão, e, às vezes, traz uma pequena espingarda; eventualmente pode carregar uma serpente de metal (atributo de Oxumaré); transporta também uma cabaça de cabo alongado enfeitada com palha da costa além é claro de uma espada, insígnia das grandes guerreiras. As palmeiras com folhas em formato de leque também a simbolizam – exótica, bela, única e múltipla.

Ewá é considerada metade mulher de Oxumaré, representada na faixa branca do arco-íris. Na verdade, ela mantém fundamentos em comum com Oxumaré, inclusive dançam juntos, mas não se sabe ao certo se seria sua porção feminina, sua esposa ou sua filha. Os maiores fundamentos dessa deusa se encontram em plantas de lagoas, entre elas o ojo-orô e o oxibatá.

Como deusa de muitos mistérios, pouco se sabe a seu respeito. Ela precisa se manter oculta na imensidão das florestas, onde só é possível ouvir o canto dos pássaros, o ronco dos animais e o guizo das cobras. Ewá mora na terra do perigo, que aprendeu a dominar com o rei de Kêtu, Oxóssi. Ela nos visita através do brilho intenso das constelações e o céu de dezembro reflete o rosa maravilhoso de sua aura.

Pessoas de beleza exótica diferenciam-se das demais justamente pelo jogo de opostos, ou seja, possuem tendência à duplicidade: em algumas ocasiões podem ser bastante simpáticas, em outras extremamente arrogantes; às vezes aparentam ser bem mais velhas ou parecem meninas, moças ingênuas e puras.

Apegadas à riqueza, gostam de ostentar, de vestir roupas bonitas e vistosas, segundo a moda e adoram elogios e galanteios. As filhas de Ewá são altamente influenciáveis, agindo conforme o ambiente e as pessoas que as cercam, assim, podem ser damas contidas da alta sociedade quando o ambiente requisitar, ou mulheres populares, falantes e alegres em lugares menos sofisticados.

Ao lado dessas características, ainda são vivas e atentas, cuja atenção está canalizada para determinadas pessoas ou ocasiões, o que as levam a se desligar do restante. Isso indica certa distração e dificuldade de concentração, especialmente em atividades escolares.

Aspectos gerais:

- **Dia:** sábado.
- **Data:** 13 de dezembro.
- **Cores:** vermelho, coral e cor-de-rosa.
- **Símbolos:** espada. Ofá lança ou arpão, cabaça com cabo alongado enfeitada com palha da costa e espingarda.
- **Elementos:** florestas, céu rosado, astros e estrelas, água de rios e lagoas.
- **Pedras:** rubi e quartzo rosa.
- **Folhas:** teteregun (cana-do-brejo), erva-de-santa-luzia, oju-orô e oxibatá.

Oferenda

Cortar em pequenos cubos e cozinhar separadamente coco e batata-doce. Cozinhar e refogar feijão-fradinho e feijão-preto. Cortar em cubinhos e fritar no azeite banana-da-terra. Cozinhar uma porção de milho de galinha. Misturar tudo num alguidar com camarão seco e oferecer a Ewá. Fazer os pedidos e deixar tudo na natureza, embaixo de uma árvore ou na mata.

- **Saudação:** Ri Ró Ewá!!!

IEMANJÁ

Deusa das águas, dos mares e dos oceanos, esposa de Oxalá e mãe de todos os Orixás, é a manifestação da procriação, da restauração, das emoções e símbolo da fecundidade.

Essa deusa está associada ao poder genitor, à interioridade, aos filhos contidos em si. Ela é muito bonita, vaidosa e dança com o abebé (espelhinho) e pulseiras.

Em alguns mitos, é considerada mulher de Oranyan, descendente de Odùdùwa, fundador místico de Oyó, de quem concebeu Xangô. Dessa forma, essa divindade se vincula ao fogo, o fogo aparece como uma interação de água e ar. Iemanjá é a rainha de todas as águas do mundo, seja das águas doces do rio, seja das águas salgadas do mar. Seu nome deriva da expressão Yeyé Omo eja, que significa a mãe dos filhos peixes.

Na África, era cultuada pelos Egbá, nação Iorubá da região de Ifé e Ibadan onde se encontra o rio Yemoja. Apesar de no Brasil Iemanjá ser cultuada nas águas salgadas, sua origem é as águas doces de um rio que corre para o mar. Inclusive, todas as suas saudações, oriquis e cantigas remetem a essa origem. A saudação Odo-Yia, por exemplo, significa "mãe do rio", já a saudação Eéru-Iyá faz alusão às espumas formadas no encontro das águas do mar, sendo esse um dos locais de culto a Iemanjá.

Essa rainha das águas seria filha de Olokun, deus em Benin, ou deusa de Ifé e do mar. Numa das histórias, ela aparece casada pela primeira vez com Orunmilá, o Senhor das Adivinhações, depois com Olofin, o Rei de Ifé. Com este último teve dez filhos, cujos nomes enigmáticos parecem corresponder a outros tantos Orixás.

Iemanjá é o Orixá mais popular do Brasil, a deusa mais festejada, a mais amada. Reverenciá-la é ter a certeza de possuir uma mãe protetora sempre atenta aos passos de seus filhos, é saber que num tropeço da vida haverá um braço forte pronto para amparar. Se Iemanjá é o mar, e o mar toma tantas praias no mundo, em qualquer ponto ela assiste seus filhos – e todos somos seus filhos.

Grandes homenagens a Iemanjá são prestadas ao longo das praias do litoral brasileiro. Em Salvador, todo dia 2 de fevereiro tem festa no mar. Inúmeras embarcações saem do rio Vermelho em procissão com os presentes à Rainha do Mar. Na Praia Grande, em São Paulo, todo primeiro fim de semana de dezembro realiza-se uma das maiores festas do Brasil em homenagem à rainha das águas.

Iemanjá divide com Oxum o domínio sobre a maternidade, mas ela não é a mãe das crianças, e sim a dos jovens e adultos que já formaram personalidade e individualidade. Sua função é a maternidade como orientadora. Ela é mãe e esposa.

Todas as águas do mundo, doces ou salgadas, pertencem a Iemanjá. Especialmente as águas dos rios que correm diretamente para o mar, pois o local de confluência das águas doces dos rios com as águas salgadas do mar é onde a força dessa deusa se manifesta com mais intensidade.

Iemanjá poderia ser considerada a padroeira dos psicólogos, pois tudo que se relaciona à cabeça lhe diz respeito; aliás, o bem-estar psicológico só pode ser plenamente alcançado com as bênçãos dessa rainha. Na verdade, o equilíbrio e a harmonia, seja pessoal, seja familiar, são os mais caros bens que ela pode nos proporcionar. Zelar pela família é sua principal tarefa, além de promover a paz em todos os lares, mostrando que é preciso respeitar, amar e, sobretudo, ouvir os pais.

Conta um mito que Iemanjá cansada de sua permanência em Ifé fugiu em direção ao oeste. Outrora, Olokum lhe havia dado, por medida de precaução, uma garrafa contendo um preparado, com a recomendação de quebrá-la no chão em caso de extremo perigo, pois não se sabia o que poderia acontecer em dias vindouros. E assim Iemanjá foi instalar-se no entardecer da terra oeste. Olofin, Rei de Ifé enviou seu exército à procura de sua mulher. Cercada, a rainha ao invés de se deixar prender e ser conduzida de volta a Ifé quebrou a garrafa, segundo as instruções recebidas. Um rio criou-se na mesma hora levando-a para okun (o oceano), lugar da residência de Olokun, seu pai.

Por ser a iyá-ori (mãe da cabeça), Iemanjá acompanha todos os rituais do Candomblé. É ela quem autoriza a iniciação de qualquer filho de santo e, por isso deve ser evocada na cerimônia bori (oferenda à cabeça) este é, na verdade, a grande iniciação, sem a qual ninguém pode passar pelo ritual de iniciação.

Primeiramente, antes de qualquer ritual que envolva a cabeça, o abián (pessoa que não é feita no santo, mas está se preparando para isso) deve ser levado ao mar para lavar com as águas sagradas de Iemanjá a pedra (okutá) do seu Ibá ori (igbá ori), pedindo à grande Deusa Mãe a bênção para ser iniciado no Candomblé.

Em muitas casas de Candomblé não se assenta o ibá ori, porque se acredita que, ao fazer isso, ou seja, ao colocar em uma tigela okutá, moedas, búzios e outros objetos ritualísticos e consagrar-se com sacrifício, na verdade, assentou-se Iemanjá. De fato, esse pensamento tem certa lógica, mas na realidade muitas pessoas desconhecem que Ori é um Orixá, aliás, o primeiro que deve ser cultuado, pois ele é a essência de cada um, ele mostra que todo ser humano é único. Orixá é o dono do Ori.

O bori sempre deve ser feito e Iemanjá, juntamente com Oxalá, precisa ser evocada. O obi, um fruto africano tão importante para o Candomblé como a hóstia para os católicos, não pode faltar no ritual. Incorrem em grave erro aqueles que iniciam um iaô sem antes submetê-lo ao bori.

Os filhos de Iemanjá são pessoas muito voluntariosas e que tomam os problemas dos outros como se fossem seus. Além do mais são fortes, rigorosos e decididos. Gostam de viver em ambientes confortáveis e com certo luxo e requinte.

Eles põem à prova suas amizades, que tratam com um carinho maternal, mas são incapazes de guardar um segredo, por isso não merecem total confiança. Além disso, costumam exagerar em suas verdades (para não dizer que mentem) e fazem uso de chantagens emocionais e afetivas.

São pessoas que dão grande importância aos filhos, mantêm com eles os conceitos de respeito e hierarquia sempre muitos claros. Constantemente nas grandes famílias há um filho de Iemanjá, pronto a se envolver com os problemas de todos, pois gosta tanto disso que pode se revelar um excelente psicólogo.

Os Okutás de Iemanjá têm de ser em tons claros, redondos, pois nosso Ori é redondo. As pedras não podem ser quadradas nem compridas, mas bonitas e sem rachaduras. Também não podem estar quebradas ou lascadas dos lados, enfim, devem ser perfeitas para que se faça o ato dentro do mar com o iniciado.

Aspectos gerais:

- **Dia:** sábado.
- **Data:** 2 de fevereiro.
- **Cores:** prata e tons prateados.
- **Símbolo:** abebé prateado.
- **Elementos:** águas doces que correm para o mar e águas do mar.
- **Pedras:** cristal e água-marinha.
- **Folhas:** pata-de-vaca, umbaúba e mentrasto.

Oferenda:

Pegar um peixe de água salgada ou tainha (principalmente tainha porque é um peixe consagrado à Iemanjá). Fazer-lhe uma limpeza sem tirar as barbatanas. Espalhar o tempero de santo (cebola, azeite de dendê, gengibre e camarão seco defumado) por todo o peixe. Fazer uma farofa com farinha de mandioca crua e mel. Colocar essa farofa dentro do peixe como se fosse um recheio. Enrolá-lo num pedaço de folha de bananeira e colocá-lo no forno para assar. Num papel escrever os pedidos.

Quando o peixe estiver assado e já em temperatura ambiente, colocar esse papel dentro da barriga do peixe com a farofa.

Essa oferenda deve ser entregue na beira do mar, com nove rosas brancas sem espinhos, mentalizando-se os pedidos e invocando o axé de Iemanjá.

- **Saudação:** Eerú-Ìyá!!! Ou Odó-Ìyá!!!

XANGÔ

Nem seria preciso falar do poder de Xangô, porque o poder é sua síntese.

É o deus do raio e do trovão. Contrariamente a Ogum (deus dos Ferreiros) que emprega o fogo em estado selvagem, o fogo que os homens não sabem utilizar. Os pedidos a Xangô devem ser feitos com muita consciência, pois também como deus da Justiça ele fará com que o pedido se cumpra.

Circulam a seu respeito, às vezes, contradições, mas todos são unânimes em reconhecer seu caráter violento, impetuoso, autoritário e fogoso. Mesmo se ignoradas em seus detalhes, as astúcias, constatamos que sua magia profunda consiste em suprir a tempo os acontecimentos que se superpõem, ao invés de desenrolarem-se ao longo de um tempo linear e irreversível, ao longo de um tempo mensurável. Seu tempo não tem começo nem fim, é um tempo reversível que supre sua duração.

Xangô nasce do poder e morre em nome do poder. Rei absoluto, forte, imbatível: um déspota. O prazer de Xangô é o poder. Esse Orixá manda nos poderosos, manda em seu reino e nos reinos vizinhos. Xangô é o rei entre todos os reis. Não existe uma hierarquia entre os Orixás, nenhum possui mais axé que o outro, apenas Oxalá, que representa o patriarca da religião e é o Orixá mais velho, que goza de certa primazia. Contudo, se preciso fosse escolher um Orixá todo-poderoso, quem, senão Xangô poderia assumir esse papel?

Os mitos revelam que Dadá Ajaká, filho mais velho de Oranyan, irmão consanguíneo de Xangô, reinava então em Oyó. Ele amava as crianças, a beleza e as árvores. De caráter calmo e pacífico, não tinha a energia que se exigia de um verdadeiro chefe daquela época. Em virtude disso, Xangô o destronou e Dadá Ajaká exilou-se em Igboho durante os sete anos do reinado do meio irmão. Em decorrência do fato, teve, portanto de se contentar em usar uma coroa feita de búzios, chamada Ade de Baayani. Depois que Xangô deixou Oyó, Dadá voltou a reinar, mas como um valente guerreiro. De suas irmãs, Xangô fez suas mulheres e suas guerreiras: Iansã, Oxum e Obá. Xangô possui o raio, o fogo e o xeré (chocalho) para produzir o trovão. Lutou e destruiu os reis das cidades que ele usurpou, devolvendo liberdade e justiça ao povo.

A maneira como todos devem se referir a Xangô já manifesta seu poder. Procure imaginar um elefante, mas um elefante de olhos tão grandes como potes de boca larga: esse é Xangô e, se o corpo desse animal segue a proporção dos olhos, Xangô realmente é o elefante que manda na savana, imponente, poderoso e soberano.

A imagem de poder está sempre associada a Xangô e não é para menos. O poder real, por exemplo, lhe é devido por ter se tornado o quarto alafim de Oyó, que o apoiou para que ele se tornasse o seu grande rei, até hoje lembrado.

Esse Orixá poderoso expressa a autoridade dos grandes governantes, mas também detém o poder mágico, já que domina o mais perigoso de todos os elementos da natureza: o fogo. Esse poder mágico reside no raio, no fogo que corta o céu, que destrói a terra, mas que ao mesmo tempo transforma, protege e ilumina o caminho. Tudo em Xangô lembra o fogo; o próprio Xangô era tão fogoso, que, quando falava de sua boca saíam chamas e de suas narinas exalava o fumo. Essa forma de descrever Xangô é figurativa, ressalta seus atributos de amante insaciável, mas tornou-se real quando uma de suas esposas, Iansã, aliás, seu par ideal, foi à casa de Ifá buscar um preparado que deveria entregar ao marido.

Tudo que se relaciona a Xangô lembra realeza – as suas vestes, a sua riqueza, a sua forma de gerir o poder. A cor vermelha, por exemplo, sempre esteve ligada à nobreza, só os grandes reis pisavam sobre o vermelho, e Xangô pisa sobre o fogo, o vermelho original, o seu tapete.

Essa divindade sempre foi um homem bonito e extremamente vaidoso, por isso conquistou todas as mulheres que quis, e, afinal, o que será um "olhar de fogo" senão um olhar de desejo ardente? Quem resiste ao olhar de flerte de Xangô? Um oriki fala da vaidade, da beleza e da elegância de Xangô – a sensualidade manifesta de um homem.

Xangô é inimigo da mentira, por isso tornou-se Orixá da justiça. Poucos, porém, entendem as peculiaridades da justiça de Xangô e acabam incorrendo no erro de dizer que ele faz justiça à sua moda. É bem verdade que sua justiça é tendenciosa, possui dois pesos e duas medidas, mas ele seria incapaz de favorecer alguém por gozar de sua simpatia, por justiça e sabe que é preciso oferecer oportunidades iguais a todos, pois a verdadeira igualdade consiste em dar tratamento desigual a situações desiguais. É por isso que Xangô não hesita em favorecer os mais fracos.

Como se viu, o maior domínio de Xangô é o poder, logo, tudo que simboliza poder está relacionado e esse Orixá, a começar pelo fogo capaz de devastar tudo, arrasar completamente qualquer coisa. Xangô transforma o izô, o fogo que destrói, em iná, o fogo que ilumina. Em outras palavras, pega o fogo em seu estado bruto, ou seja, da forma como ele se manifesta na natureza, nos raios, nas lavas, na colisão das pedras e o domina, passando a usá-lo como forma de se proteger dos perigos da floresta, para cozinhar os alimentos, para transformar os metais. Xangô apodera-se de algo que poderia destruir qualquer ser humano e converte em seu benefício, propiciando o progresso e o bem-estar de todos. É bom lembrar que só depois do advento do fogo é que o homem pôde de fato organizar-se em sociedade.

Deus do Fogo, que pune aos que lhe querem mal com febre e ervas que lhe são atribuídas. Arremessa sobre os inimigos sua bola de fogo através dos raios, chamada edun-ara (pedra de raio que representa o corpo de Xangô, seu símbolo por excelência, pela mitologia do elemento procriado que irmana Xangô a Exú).

Xangô é avesso à morte, ele não fica onde há sua presença. Sua dança preferida é o alujá, apresentado com toques diferentes, a dança do machado e a dança da guerra. Branda orgulhosamente o seu oxé (uma de suas armas) e assim, na cadência, faz o gesto de quem vai pegar as pedras de raio e lançá-las sobre a terra, demonstrando seu lado atrevido.

Outro atributo de Xangô já mencionado é a justiça, portanto é a ele que se deve recorrer para solucionar pendengas judiciais. Esse deus do fogo protege juízes, promotores, advogados e todos os que se ocupam em fazer justiça. Em sua corte de Oyó, Xangô governava tendo ao seu lado 12 ministros, chamados de Obá, seis da direita (otun), com voz e voto, e seis da esquerda (òsi), com uma única voz.

Esse Orixá é também o padroeiro dos governantes, dos políticos de pulso forte, amados e odiados na memória do povo. Além disso, Xangô é o primeiro a derrubar os corrompidos, os mentirosos, os que agem de má-fé, pois ele é inimigo da mentira e sabe castigar os que traem a sua confiança. As grandes formações rochosas estão associadas a Xangô. A pedra remete ao seu caráter firme, decidido e inquebrantável, simbolizando a dureza dos grandes reis, dos senhores absolutos, mas como Xangô, incorruptíveis.

As festas alusivas a essa divindade estão entre as mais concorridas do Candomblé, pois os mais belos rituais são realizados em sua homenagem. Numa festa de Xangô não pode faltar a fogueira, que deve queimar durante o decorrer do xirê para que, quando Xangô vier abraçar os seus, a brasa viva seja o tapete vermelho no qual o rei pisará. Quem não viu Xangô pisar no fogo não conhece a força desse Orixá.

Dois rituais são obrigatórios em suas festas, o primeiro chama-se ajerê, nome dado ao pote que Xangô carrega em sua cabeça com azeite em chamas, e é seguido pela outra cerimônia denominada akàrà, quando Xangô, acompanhado de Iansã, engole pequenas tochas de fogo.

Há um momento em que o Orixá se apresenta com uma imensa coroa de búzios, adornada com longas tiras, é o Adê Bani rememorando esse importante Orixá da família de Xangô que encerra os ciclos de suas festividades.

Um ritual extremamente emocionante é a roda de Xangô, uma tradição fundamental dos Candomblés Kêtu. Nessa roda são saudados todos os Orixás de sua família, toda a corte de Oyó é evocada para a grande consagração do rei Xangô: Dadá-Ajaká, Baáyàni, Ìyá Masé, Airá Ingilé e tantos outros.

As oferendas preferidas dessa divindade surgem nessas cantigas: o cágado (ajapá) e o carneiro (agbó okután). O agitar dos xéres (séré) faz lembrar uma tempestade e todos agradecem felizes porque o grande rei está entre os seus. Finalmente, todos os Orixás são convidados para a coroação de Xangô e o brado do rei de Oyó ressoando qual trovão na tempestade de xéres, anuncia que só Xangô é poderoso entre os poderosos, é que faz a própria coroa, um rei coroado (Òbà adè).

O azeite de dendê é como água para Xangô, é justamente o epó-pupa que o apazigua, portanto não pode faltar em suas oferendas. Tudo que se refere a Xangô deve ser quente; ele rejeita a sua comida preferida, o amalá, se oferecida fria. O sangue quente deve jorrar em seus assentamentos, pois o sangue que jorra sobre Xangô é a manifestação da vida. Como se explica o fato de Xangô admitir em seu sacrifício um cágado, se esse Orixá dos raios, só aceita aquilo que é quente? Xangô aprova o cágado porque esse animal é símbolo de longevidade. Na verdade, Xangô gosta de tudo que lembra a vida, de tudo que é quente, porque está vivo, de tudo que é imortal.

Xangô prefere o orobô a obi, tudo que se faz para esse orixá deve conter orobô, inclusive o amalá. Como amante da mesa farta; suas comidas são muito elaboradas e a mesa que lhe é posta tem de ser bonita e enfeitada com muito orobô, gengibre, bananas ainda verdes que esse Orixá do fogo saboreia como se fosse mel.

O seu símbolo por excelência é um machado duplo (osé) que, além de ser sua arma de guerra, é o instrumento de sua justiça, já que com suas hastes duplas corta para os dois lados, isto é, não faz distinção. Há uma sacola chamada iabá na qual Xangô guarda as pedras de raio e os chocalhos de cobre, ou cabaças de cabo alongado, repletos de semente (Edu-ará e os sere), que na África são indispensáveis para todos os seus iniciados.

A casa de Xangô deve abrigar os assentamentos de sua mãe, Íyá Masé, e de suas três esposas, Iansã, Oxum e Obá. Sua oferenda é feita na gamela e pode ficar sobre um pilão.

O número 12 está relacionado a Xangô principalmente, porque 12 são as suas qualidades: Dadá, Obá Afonjá, Obá Lubé, Agodô, Obá Kosso, Aganju, Alafim, Ibaru, Djakutá, Igboná, Airá e Airá-Intilé.

Xangô é um protetor incansável de seus filhos e de todos os desvalidos, toma de quem tem e dá a quem não tem; quem conta com a proteção desse Orixá ao seu lado nada teme. Rei que tira de sua boca e põe na boca dos seus.

É fácil reconhecer um filho de Xangô apenas por sua estrutura física, pois seu corpo é sempre muito forte e dotado de uma quantidade razoável de gordura, apontando a sua tendência à obesidade; mas a sua boa constituição óssea suporta o seu físico avantajado.

Com forte dose de energia e de autoestima, os filhos de Xangô têm consciência de que são importantes e respeitáveis, portanto quando emitem sua opinião encerram definitivamente o assunto. São donos de uma postura nobre, com a dignidade de um rei. Sempre andam acompanhados de grandes comitivas; embora nunca estejam a sós, a solidão é um de seus estigmas.

Seus filhos também possuem certo requinte, gostam do poder e do saber atributos de sua grande vaidade. Muitas vezes, porém não aceitam o questionamento de suas atitudes e o brilho de sua coroa os impede de observar certos limites, como os que dividem o seu reino do reino de seu vizinho, e acabam interferindo em questões que não lhes dizem respeito, opinando sem ser solicitados.

Conscientemente são incapazes de ser injustos com alguém, mas certa dose de egoísmo faz parte de seu arquétipo. São extremamente mesquinhos (para não dizer sovinas), portanto não é por acaso que Xangô dança alujá com a mão fechada.

São amantes vigorosos, uma pessoa só não satisfaz um filho de Xangô. Pobre das mulheres cujos maridos são de Xangô. Um filho de Xangô está sempre cercado de muitas mulheres, sejam suas amantes, sejam suas auxiliares, no caso de governantes, de empresários e até de babilorixás, mas a tendência é que aqueles que decidem ao seu lado sejam sempre homens.

Os filhos desse Orixá são obstinados, agem com estratégia e conseguem o que querem. Tudo que realizam marca de alguma forma sua presença; fazem questão de viver ao lado de muita gente e têm pavor de ser esquecidos, pois, sempre presentes na memória de todos, sabem que continuarão vivos após a sua "retirada estratégica da vida".

O Okutá de Xangó, assim como o de Iansã e o de Obá geralmente é utilizado junto com outros fundamentos, uma pedra de edun-ará que também é conhecida como pedra do raio. Essa pedra passará por muitos preceitos antes de ir para o assentamento.

Aspectos gerais:

- **Dia:** quarta-feira.
- **Data:** 29 de junho.
- **Cores:** vermelho e branco ou branco e marrom.
- **Símbolos:** oxés (machados), edun-ará (pedra de raio), xerê.
- **Elementos:** fogo (grandes chamas, raios), formações rochosas.

- **Pedra:** rubi.

- **Folhas:** cambuatá, hortelã grosso, manjerona, musgo de pedreira, mentrasto

Oferenda

Para fazer o amalá cortar 120 quiabos em cruz. Refogar o quiabo com azeite de dendê, cebola ralada e gengibre. Colocar um pouco de água para cozinhar, adicionar camarão seco triturado, sal e deixar apurar. Cozinhar à parte 12 quiabos inteiros.

Forrar uma gamela com ebá (pirão de farinha de inhame), colocar o quiabo cozido, enfeitar com os 12 quiabos em volta com as coroas para cima, 12 pedaços de acaçá e um orobô no meio. Oferecer a Xangô bem quente.

- **Saudação:** Kawó Kabiesilé!!!

OXALUFÃ

Na mitologia africana, nos mitos que contam a origem do mundo, todos os Orixás que estão ligados a essa função da criação são chamados Orixá Funfun. O mais cultuado e considerado pai de todos os Orixás, é Oxalá, também chamado Orixalá ou Obatalá, e venerado no Candomblé genericamente como Oxalufã, também conhecido popularmente como "Oxalá Velho", para diferenciar de Oxaguiã, que seria o "Oxalá jovem e guerreiro" que veremos detalhadamente mais adiante.

A cor branca representa Oxalufã, pois o nome funfun, designa Orixás dessa cor, associada pelos africanos à energia da criação, da essência, da pureza e base para a origem de tudo.

Como o Candomblé é uma religião ancestral e que segue a hierarquia, um pai sempre deve vir antes do filho, por isso na sequência do xirê, Oxalufã vem antes de Oxaguiã, que encerra as cerimônias.

Oxalufã está presente em todas as lendas que explicam a gênese do universo. Inicialmente, Olodumaré deu a ele a incumbência de criar o mundo e os seres que o habitariam, porém devido a sua prepotência, falhou em sua missão, que foi concluída por outro Orixá chamado Odudua. Esses mitos da criação explicam as origens das desavenças entre os Orixás, sendo que as mais conhecidas são entre Oxalufã e Exu.

Oxalufã é apresentado nos mitos como alguém muito prepotente e teimoso, e essas características são sempre as causas de suas dificuldades. Na criação do mundo, por exemplo, ele bebeu vinho de palma e ficou embriagado, por isso acabou por criar seres defeituosos, muitos segundo a lenda ele tirava do forno antes do momento certo, e eles acabavam ficando muito brancos.

Em virtude também de seu orgulho, essa divindade costuma desrespeitar Exu, não fazendo as oferendas recomendadas pelos babalaôs, e por isso Exu sempre procura atrapalhar Oxalufã em suas tarefas nas lendas.

As proibições de Oxalá são a bebida e o azeite de dendê devido à cor avermelhada. Tudo que se refere a esse Orixá deve ser branco, pois remete ao sangue branco, ao esperma, que está relacionado ao poder da fecundação masculina. A exceção, o único elemento vermelho usado por Oxalá dentro dos ritos, é uma pena chamada ikodidé, para demonstrar seu respeito pelo poder genitor feminino.

Oxalufã em muitas ocasiões cerimoniais no Candomblé se apresenta debaixo de um pano branco chamado alá, que tem um simbolismo diretamente ligado à proteção e iluminação espiritual, mas também a uma representação primitiva da ação do homem durante a prática sexual, o ato da fecundação.

Como mencionado anteriormente, Oxalufã sempre é o último Orixá a ser saudado durante as festas nas casas de santo. Ele é uma energia presente em todos os seres humanos, assim como Exu é o ar que respiramos, a essência da vida, é a primeira respiração, quando nascemos.

Toda simbologia da reprodução masculina está em Oxalufã, representado no corpo pelo esperma. Todas as oferendas preparadas procuram lembrar o sêmen, como os caracóis, a canjica e o omi-torô.

Oxalufã é o grande pai entre todos os Orixás, apesar de ter falhado na criação dos homens segundo os mitos. Ele protege a todos indistintamente dia e noite, trazendo tranquilidade, equilíbrio, paz e bondade. Concede apoio aos seus filhos estejam eles certos ou errados, pois não é um pai que julga ou castiga, mas aquele pai que cuida pelo simples motivo de amar seus filhos.

Por essa energia de paternidade, está junto com Iemanjá louvado no primeiro dos ritos dentro do Candomblé, o Bori – ritual de equilíbrio feito para o Ori, ou seja, a cabeça, para que tenhamos firmeza e tranquilidade de raciocínio. Outro ritual importante e muito conhecido de Oxalufã refere-se às "Águas de Oxalá", realizado na maioria das casas durante o mês de janeiro. Antes, durante e depois da festa, são reproduzidos alguns mitos de Oxalufã de forma ritualística.

Outro símbolo dessa divindade é o cetro que carrega chamado opaxorô, cuja simbologia ligada à função reprodutora masculina, representa um mastro e deve estar sempre erguido. Nos mitos, foi com esse instrumento que Oxalufã dividiu os níveis do orum (céu).

Os animais consagrados a esse Orixá são o igbín (caramujo) que traz o elemento masculino e feminino e o pombo que simboliza a paz. Esses animais devem ser brancos e fêmeas. As quizilas de Oxalá são importantes e precisam ser evitadas, como o azeite de dendê e o sal no preparo das oferendas, por isso ele é saudado em uma festa específica. Outra particularidade da ritualística desse Orixá é a falta de dança própria, apenas um caminhar lento e característico, não é sempre que se canta para Oxalufã nos xirês.

Calmos e tranquilos, os filhos de Oxalufã agem e pensam transmitindo a ideia de que têm solução para tudo. Podem por vezes ser tão soberanos que transmitem a ideia de prepotência. Com o intuito de impor respeito, chegam a ser autoritários. Embora muito prestativos, não são nada submissos. Geralmente são centralizadores de forma a controlar tudo, que sempre precisa autorizar ou aprovar.

Filhos de Oxalá têm dificuldade com a humildade, pois se julgam sábios demais e por consequência não precisam e desconsideram a opinião ou o conhecimento de outras pessoas. Esse orgulho chega a beirar a arrogância, já que não assumem os próprios erros e defeitos.

No entanto, essas características equilibradas e harmonizadas, tornam-nos ótimos amigos e companheiros, com o dom do aconselhamento, pela sabedoria que carregam. Daí lembrarem a figura paterna, que sempre tem um bom conselho para dar.

Segundo a lenda, Osàlufan, Rei de Ifé, decidiu visitar Sàngó, Rei de Oyó e seu amigo. Antes de partir, ele consultou um babalaô para saber como seria a viagem e este previu que ele seria vítima de um desastre. Osàlufan perguntou-lhe se oferecesse sacrifícios poderia melhorar sua sorte. O babalaô confirmou que a viagem seria muito penosa, com inúmeros reversos e, se não quisesse perder a vida, não poderia recusar os serviços que por acaso lhe fossem pedidos, nem tramar as consequências disso. Deveria também levar três mudas de roupa branca e sabão. Osàlufan se pôs a caminho. Como era velho, ia lentamente apoiado em seu cajado de estanho.

Logo encontrou à beira do caminho, Exu Elépo Pupa, o dono do azeite de dendê, que tinha um barril ao seu lado. Após as saudações, este pediu a Osálufan que o ajudasse a colocar o barril sobre a cabeça. Osàlufan concordou. Exu aproveitou a operação para derrubar maliciosamente o azeite sobre Osálufan, pondo-se a zombar dele. O Orixá não reclamou, seguindo as orientações do babalaô. Lavou-se no rio e deixou ali roupa velha como oferenda. Continuou a andar e foi vítima ainda duas vezes de tristes aventuras com Exu Eléèdu, o dono do carvão, e com Exu Aláàdì, o dono do óleo de amêndoa de palma. Osàlufan, sem perder a paciência, lavou-se e trocou de roupa após cada experiência.

Finalmente chegou à fronteira do reino de Oyó onde encontrou o cavalo de Sàngó, que havia fugido. No momento que Osàlufan quis amansar o animal com espigas de milho para levá-lo ao dono, os guardas de Sàngó, que estavam à procura do animal, pensando que o idoso fosse um ladrão, caíram sobre ele com golpes de cacete e jogaram-no na prisão. Sete anos de infelicidade se abateram sobre o reino de Sàngó: a seca comprometia a colheita, as epidemias acabaram com os rebanhos, as mulheres ficaram estéreis.

Em consulta a um babalaô Sàngó soube que a desgraça provinha da injusta prisão de um velho. Após buscas e perguntas, Osàlufan foi levado a sua presença e ele reconheceu o amigo Osalá. Desesperado pelo ocorrido, Sàngó pediu-lhe perdão e deu ordem a seus súditos para que todos vestidos de branco, guardando silêncio em sinal de respeito, apanhassem água três vezes seguidas, a fim de banhar Osàlufan. Em seguida, ele voltou a Ifã, passando por Egiodobô para visitar seu filho. Oséguiã, feliz por rever o pai, organizou festas com distribuição de comidas a todos os assistentes.

Em razão dessa lenda, é que até hoje no Brasil se fazem águas de Osalá. Na primeira sexta-feira é retirado o ibá de Osalá de sua casa e levado a uma cabana com palmas e tranças, que simbolizam a viagem deste e sua estadia na prisão. Na sexta-feira seguinte, (sete dias após) representando os sete anos que Osalá esteve enclausurado, tem lugar a cerimônia das águas. Todos os participantes desse ritual chegam à véspera, à noite. No maior silêncio e trajados de branco, vão antes da aurora buscar água na fonte. De cabeças cobertas formam um cortejo por ordem hierárquica, dos mais velhos até os mais novos. As duas primeiras águas são derramadas sobre o axé de Osalá como lembrança das pessoas do reino de Oyó, que foram em silêncio, vestidas de branco, apanhar água para Osàlufan se banhar. A terceira vez, ao nascer do dia, os vasos são cheios de água e arrumados em volta do ibá, à proibição de falar é sustada. Os atabaques acompanham as cantigas. Transes de possessão se produzem entre os participantes, como testemunho de satisfação ao deus.

No terceiro domingo, finalizando o ciclo das cerimônias, é chamado Pilão de Oxaguiã, que invoca preferências gastronômicas desse Orixá. A distribuição de comidas é realizada em seu nome, a fim de festejar a volta de seu pai. Nesse dia, a procissão leva ao barracão pratos contendo inhames pilados, milho cozido sem sal e sem azeite de dendê, e pequenas varas de atori, que são entregues aos Oxalás manifestados.

Há nessa parte um ritual, lembranças da luta de Ejigbo, na festa Oságian.

Aspectos gerais:

- **Dia:** sexta-feira.
- **Data:** 15 de janeiro.
- **Elementos:** atmosfera e céu.
- **Cor:** branco leitoso.
- **Pedras:** cristal e diamante.
- **Folhas:** Eué babá (boldo), língua-de-vaca e folha da costa.

Oferenda

Separar meio metro de morim branco. Escolher, e lavar 250 gramas de milho branco e colocá-lo para cozinhar bem com bastante água na panela de pressão.

Quando estiver pronto, escorrer e misturar um punhado de açúcar cristal.

Forrar um prato branco com uma parte morim e colocar o milho cozido (ebô) misturado com o açúcar, já frio e cobrir o prato com o restante do morim. Regar com um pouco de azeite doce. Confeccionar uma manta de algodão branco e cobrir todo o ebô. Fazer uma reverência a Oxalá com a cabeça tocando a o chão e fazendo seus pedidos. Deixar essa oferenda durante 24 horas dentro de casa.

No dia seguinte, pegar só o morim com o ebô e o algodão e fazer uma trouxinha e amarrá-la no alto de uma árvore ou entregá-la às águas correntes de um rio.

OXAGUIÃ

Oxaguiã tem muita ligação com Oxalufã, como vimos anteriormente. Embora muitos considerem Oxaguiã apenas como filho de Oxalufã, sua versão mais jovem, ou até uma qualidade de Oxalá, na mitologia africana e nos ritos do Candomblé, é um Orixá completamente distinto, com tradições e simbologias próprias e muito significativas. Oxalufã é uma energia ligada à ideia de irmandade dos seres humanos, já que é apontado como o grande pai, por outro lado, Oxaguiã traz a individualidade de cada ser, que gera alguns conflitos internos e externos em cada um dos seres humanos. Esse Orixá desperta a necessidade de sermos diferentes, mas também a de respeitar as diferenças para que elas não sejam motivo de disputas e de brigas.

Esse objetivo é evidente em seus símbolos principais: a espada e o pilão, enquanto uma evoca a guerra e o combate, o outro gera a comunhão, a cooperação e o compartilhar da fartura do alimento.

O nome desse Orixá em ioruba, quer dizer "o Orixá que come inhame pilado", fazendo referência ao seu alimento preferido e também ao fato de que Oxaguiã é considerado o inventor do pilão.

Sua região da África é Ejigbó, onde foi saudado como rei e proporcionou crescimento, evolução e fartura, transformando-a numa grande cidade, na qual anualmente ainda há festividades para lembrar as lendas e os mitos daquele que foi seu soberano.

Em nosso país também são feitas comemorações chamadas pilão de Oxaguiã, em que se saúda a fartura do dia a dia e a garantia da alimentação diária. Em suas festas, é conhecido o momento em que todos os Oxaguiãs, que estão incorporados, simulam uma luta, bradando no ar com o atori (bastão).

Em razão dessa ligação com o sustento e a alimentação, Oxaguiã também carrega como símbolo o arco e flecha, que usa para caça, quando o alimento proveniente da colheita não é suficiente. Seu lado guerreiro está ligado à luta diária para provimento do pão.

Alguns acreditam que exista uma conexão de Oxaguiã com Ogum, dizendo até que há uma mistura deste Orixá com Oxalá. Todavia, a guerra de Oxaguiã é pela paz, ele não quer a guerra, prefere evitá-la, procurando amenizar os conflitos para que não haja a discórdia.

As características dos filhos de Oxaguiã, ao contrário dos de Oxalufã, sinalizam pessoas impacientes e, por vezes, rudes, mas que no fundo procuram viver em harmonia com todos. Eles seguem o arquétipo do Orixá que vive no conflito entre guerra e paz. Alguns acentuam um lado ou outro, reproduzindo o simbolismo de seus instrumentos principais a espada e o pilão. Os que optam pela espada, são independentes, decididos, rápidos, populares e guerreiros, os que escolhem o pilão, acabam de certa forma meio que à margem em muitos momentos da vida, o que pode levar a uma caminhada de recolhimento e afastamento por conta da família. O importante é que nenhum filho desse Orixá desenvolva o perfil de Oxalufã, pois Oxaguiã é um Orixá jovem, alegre e popular, que bem equilibrado, traz a felicidade, a prosperidade e conquista tudo que deseja para si e para todos que o acompanham.

Nos mitos, é o filho de Oxalufã, considerado o Oxalá jovem que carrega a espada e o escudo e não pode mesmo ser confundido com Ogum. Ele faz parte do panteão dos Orixás Funfun (Orixás brancos), mas é muito guerreiro e valente. Tem em seus aspectos negativos o polo enganador, porque sempre apresenta as duas faces: a guerra e a paz. É muito arteiro e teimoso e engana até a morte. Traz em seu bojo um grande carrego espiritual, e os babalorixás têm de ter bastante cuidado para cultivá-lo, justamente pelas duas faces que possui.

Embora conceituado como Orixá das lutas, das batalhas e das guerras, também é considerando um Orixá que traz muita vitória quando resolve vencer sua demanda.

Aspectos gerais

- **Dia:** sexta-feira.
- **Data:** 15 de janeiro.
- **Elemento:** ar (atmosfera).
- **Cores:** branco leitoso e prata.
- **Pedras:** cristal e diamante.
- **Folhas:** levante e arruda.

Oferenda:

Cozinhar um inhame. Quando estiver bem cozido, deixar esfriar e amassar como uma mão de pilão para que fique igual à consistência de purê.

Fazer um pilão com essa massa e colocá-lo no centro de um prato branco já forrado com um pedaço de morim branco. Ao redor acrescentar oito bolas desse inhame pilado e regar com azeite doce.

Deixar dentro de casa durante 24 horas. Fazer os pedidos e entregar todas as intenções para Oxaguiã. No dia seguinte, confeccionar uma pequena trouxinha com o morim branco com tudo dentro e amarrá-la numa árvore alta ou soltá-la desamarrada nas águas de um rio de água limpa.

- **Saudação:** Epa Bábá!!!

IBEJI

O conceito da continuidade da linhagem através dos filhos é muito importante na África, por isso os herdeiros, perpetuadores da nossa existência são representados por Orixás crianças chamados Ibeji. Eles também representam a dualidade, os opostos que andam lado a lado, geralmente irmãos gêmeos, um menino e uma menina.

O culto aos Ibeji dentro do Candomblé é importante, os pedidos feitos a esse Orixá, buscando alegria e prosperidade devem ser muito cuidadosos, pois sua força é tamanha, que o que Ibeji faz, nenhum outro Orixá pode desfazer.

Muitos confundem os Ibeji com os Erês. Ibeji na verdade são intermediários entre o Orixá e o iniciado. Os Erês são espíritos de crianças desencarnadas, antes (aborto) ou depois de nascer. Esses Erês fazem parte da sociedade dos Abyku (aby: nascer / Iku: morte). Dizem até que da união de todos os Orixás masculinos e femininos é que Ibeji foi gerado, por isso ele sempre está ao lado dos Orixás, como a semente na fruta.

A eles são associados todos os princípios, qualquer atividade que marque o início de um ciclo, como a nascente de um rio, o nascimento de um ser humano ou a germinação de uma planta.

Quando uma mulher gera uma gravidez de gêmeos, ela é protegida por Ibeji, caso venha a ter trigêmeos ou, depois de gerar gêmeos nascer mais um filho, ela também tem as bênçãos de Ydoun, que é a terceira divindade, irmão de Ibeji.

Por isso, no Brasil existe o sincretismo com Cosme e Damião e Idou (ou popularmente chamado Doun).

Oferenda:

Preparar três porções de doces, quindim, maria-mole, cocada branca, balas de mel, (sete doces diferentes e da preferência da pessoa). Colocar sete moedas sobre os doces, regar com mel e oferecer numa praça, num jardim ou na beira da água de rio ou cachoeira.

Importante: Se for entregar na beira de um rio ou cachoeira, levar arroz cru e pedir prosperidade para Ibeji.

IFÁ

Ifá representa todo sistema de oráculo. Muitas pessoas equivocadamente se referem a Orunmilá querendo dizer Ifá, mas na verdade um desempenha as técnicas do jogo, e o outro o próprio segredo que é revelado. Esse Orixá não se apresenta através do transe, mas durante uma consulta.

Toda conhecimento de Ifá é evidente em poemas, que são a síntese de todos os ensinamentos do povo Iorubá: lendas que foram sendo passadas oralmente de pai para filho desde os primórdios dos tempos. Os iniciados em Ifá chamados babalaôs devem conhecer o funcionamento prático do jogo e também todos esses poemas, que são usados para a interpretação da mensagem oracular.

Dentro da religião dos Orixás, nada pode ser decidido sem consultar Ifá, que prevê o destino, diz qual Orixá está respondendo e recomenda as oferendas e os sacrifícios que devem ser feitos para determinada situação. Ifá permite a comunicação entre orum (céu) e aiê (terra).

Na África, apenas homens são iniciados em Ifá para consultar através do opelê, sementes sagradas.

BABÁ-EGÚNGÚN

Também chamados apenas de Egum, representam nossos antepassados ou ancestrais que já morreram. Erroneamente são tratados por algumas pessoas como almas penadas, ou "encostos" que devem ser afugentados para evitar o mal.

Na verdade são entidades complexas de caráter positivo e cujo culto deve ser feito com muito cuidado, pois são energias misteriosas que conhecem o segredo da morte, porque já passaram por ela. Diferentes, portanto dos Orixás, que são energias da natureza que não passaram pela morte, somente pela vida.

O culto aos eguns é restrito aos homens e não é realizado dentro do Candomblé. Para o culto aos ancestrais, que difere e muito da ritualística reservada aos eguns, o Candomblé possui obrigatoriamente um espaço reservado para esse fim.

IYÁ-MI OXORONGÁ

Essas entidades consideradas as mães primordiais estão relacionadas com o poder de gerar vida e de povoar a terra. Como detentoras dessa força, se decidissem parar de procriar a humanidade certamente desapareceria.

Essas Yami são muito temidas, pois têm tanto poder quanto outros Orixás. Chamadas de senhoras dos pássaros, são associadas à escuridão da noite e a coruja é seu símbolo. Dominam o poder da criação e estabelecem relação com todos os Orixás femininos. As Yami são o símbolo do grande útero da terra.

Vale acrescentar que a jaqueira e grandes árvores frutíferas são os pontos de força dessas entidades. Nesses pontos são feitos seus assentamentos, pois há mitos que dizem ser ali a sua morada.

OKO

Conhecido originalmente como o Orixá da agricultura, também é apresentado como Orixá funfun (branco), ou seja, aquele que participou da gênese do universo. Apesar de pouco cultuado, ainda se fazem oferendas em alguns locais a essa entidade buscando a prosperidade nas colheitas.

OTIN

É um Orixá caçador, que dispõe de rituais específicos. No Brasil, em alguns locais recebe cultos separadamente, e em outros é considerado apenas uma qualidade de Oxóssi.

APAOKÁ

Na verdade é considerada uma das Yami, também apresentada como a árvore da jaqueira, e por ser uma das mães feiticeiras importantes. Durante o ipadê, é invocada através de cantos que citam seu nome.

ONILE

É um Orixá da terra constante nos rituais de egúngún, pois está ligado aos ancestrais. No Brasil, geralmente é saudado na celebração de Olubajé juntamente com Obaluaiê.

AJE XALUGÁ

Orixá da riqueza, cuja morada é as profundezas do mar, é também considerada a irmã mais velha de Iemanjá. A sua função é a de atrair prosperidade, riquezas, criar boas oportunidades e trazer sorte na vida.

Para se conquistar o axé de Aje é necessário que se tenha generosidade e que se compartilhe o que é recebido.

A MEU PAI, COM AMOR

Difícil escrever, falar ou expressar algo sobre alguém a que amo demais, meu pai. Coisas do coração a palavra não expressa em sua plenitude, só nos dá uma breve noção do que sentimos.

Tenho a convicção clara de que antes de tudo, ele é um homem de caráter ímpar, personalidade forte e alma generosa.

De alguns anos para cá, passamos a conviver diariamente e isso me faz crescer como pessoa, como filha, como mãe e o principal, como *Yalaxé* do Axé Oxun Eyin. É prazerosa essa convivência, que me comove demais, porque ele faz questão de compartilhar suas experiências (boas e ruins) e todos aprendemos juntos.

Pergunto-me em momentos difíceis e desafiadores: "De onde vem tanta fé"? Nunca o ouvi dizer que determinado problema o fez pensar em desistir do Orixá. É óbvio que essa fé transformou a nossa vida,

Mãe Gabriela de Ewa.

nos uniu, sempre foi acolhedora e, o melhor, nunca foi imposta a mim.

Desde pequena convivo dentro de uma casa de Candomblé que ele comanda com muita dedicação, mas nunca me obrigou a trilhar seus passos. Ele sempre me permitiu decidir o rumo que daria a minha vida pessoal, profissional ou religiosa, e, que se gostasse poderia ou não seguir o mesmo caminho que o dele.

No fundo, tudo está escrito. Meu envolvimento com a religião, meu encontro com os Orixás, meu amor e minha fé nasceram nas águas do rio de Oxum e nos encantos de Ewá, como predestinação.

Fui iniciada por nosso saudoso Pai Bobó como filha de Ewá em 1990. Sou forte, guerreira e não desisto de nada, características herdadas de meu Orixá, mas também qualidades que meu pai me ensinou desde pequena.

Ewa da Yalaxé de Mãe Gabriela.

Só posso ser grata porque a cada dia, a vida, os Orixás e os ensinamentos dele me preparam para ser a herdeira do Axé, missão grandiosa.

Embora meu pai me transmita todos os ensinamentos e fundamentos necessários para tal responsabilidade, sei que manter um nome que ele construiu e ainda zela com tanto axé, não será tão simples em virtude de todas as adversidades enfrentadas em qualquer transformação.

Manter essa força, o axé e a casa de Candomblé é mais difícil do que plantá-los, ainda que meu pai também me ensine que para o Orixá nada é impossível. É essa confiança que me faz pensar no futuro, embora meu desejo é que ele viva por muitos e muitos anos junto a mim e de toda nossa comunidade.

Como filho das águas, de Oxum dona da vida ainda nos contará muitas histórias e nos doará a sua força e o seu axé.

Reafirmo que me encanta o seu lema repetido diariamente: com dedicação, sabedoria, amor e caráter tudo fica mais fácil.

Tenho certeza de que meu pai é um homem enviado pelos Orixás para mostrar bons caminhos às pessoas que o procuram, porque presencio diariamente as alegrias que Oxum nos traz através de suas mãos.

Pai, meu coração explode de felicidade a cada conquista nova, a cada novo passo, a cada novo nascimento, por toda a continuidade de sua história.

Obrigada por me permitir viver ao seu lado e me ensinar a navegar pelas correntezas da vida.

Sua bênção!

Gabriela

Mãe Gabriela de Ewá – Yalaxé do Ilê Dará Axé Oxum Eyin, formada em Letras e pós-graduada em Gestão de Pessoas.

GLOSSÁRIO

Abadô: comida à base de milho.

Abatá: obi de quatro gomos.

Abebé: leque ritual com espelho usado por Oxum e Iemanjá; também uma das representações do ventre.

Abeokutá: cidade da Nigéria onde se fazia o culto a Iemanjá.

Aberém: comida dedicada a Omolu e Nanã.

Abian: pessoas que não passaram pelos rituais de iniciação ao sacerdócio, ou seja, que não são feitas no santo, mas já estão se preparando para isso, frequentando o terreiro com assiduidade e participando das atividades da casa de Candomblé.

Abiku: aquele que nasce para morrer. Pessoas que sobreviveram a situações perigosas no nascimento, como os nascidos com o cordão umbilical em volta do pescoço, os que nasceram pelos pés, os abandonados recém-nascidos e os que ficaram órfãos ao nascer etc.

Acaçá: o mesmo que ekó; massa de farinha de milho branco enrolada em folha de bananeira.

Acarajé: bolinho feito de feijão-fradinho frito no dendê e consagrado a Iansã.

Adê: coroa com franjas de pérolas ou contas.

Adié: galinha.

Adobá: reverência que os filhos de santo fazem aos locais sagrados do templo, às autoridades, em determinadas evocações; consiste em prostrar-se no chão com gestos que variam de acordo com o sexo do orixá de cada um ou simplesmente ajoelhar-se e tocar o solo (que é sagrado) com a cabeça.

Adoxu: literalmente, "aquele que possui oxu", que tem a possibilidade de entrar em transe de orixá e assumir as funções sacerdotais na religião; todos aqueles que são iniciados como iats são adoxu; é uma denominação genérica que abrange desde o mais novo iniciado até o babalorixá.

Adurá: rezas.

Agbá: velho, antigo e respeitável.

Agbé: pássaro cujas penas eventualmente podem substituir as do ikodidé.

Agô: pedido de licença.

Agué: cabaça; vodun jeje das folhas.

Aguerê: ritmo dedicado ao orixá Oxóssi.

Aiabá: rainha.

Aiê/Aiyê: de acordo com o Candomblé, o universo está dividido em duas dimensões: o aiyé corresponde ao mundo físico, ou seja, o mundo dos homens.

Ajalá: orixá responsável pelos oris (cabeça/individualidade).

Ajapá: cágado.

Ajè: oposto de axé; uma força que impede a realização.

Ajé Sàlugá: orixá da riqueza.

Ajerê: cerimônia em que Xangô dança com uma vasilha de barro contendo azeite em chamas.

Ajeun: momento da refeição.

Ajibioná: a que conduz ao caminho do nascimento; o mesmo que "Mãe Criadeira", responsável por ensinar as rezas e os deveres aos neófitos.

Akàrà: o mesmo que acarajé; também o ritual em que Iansã e Xangô engolem pequenas tochas de fogo.

Akóko: uma árvore sagrada.

Alá: pano branco consagrado a Oxalá que representa o céu.

Alaáfia: o décimo sexto odu, regido por Oxalá e por todos os Orixás funfun. Saudação que significa paz e tranquilidade.

Alabá: um dos cargos importantes na hierarquia dos terreiros lésè-egúu.

Alabé: ogã encarregado de tocar os atabaques.

Alafim: o senhor do palácio; título dos reis de

Alagbedé: senhor dos ferreiros; urna das qualidades de Oguns.

Alakétu: título do rei de Kêtu consagrado ao orixá Oxóssi; é também o nome com o qual ficou conhecido o Ilé Mariolajc, de Mãe Olga.

Alapini: o sacerdote principal na hierarquia dos Candomblés de egun.

Alará: pássaro cujas penas eventualmente podem substituir as do ikodidé.

Álfin: palácio.

Amalá: comida predileta de Xangó.

Amassi: banho de ervas.

Àpó-iwá: saco da criação que foi dado a Oxalá e, posteriormente, a Odudua para criar a Terra.

Ari-axé: local em que estão plantados os axés de um terreiro, seu fundamento. É representado por um poço central no barracão das casas de Candomblé.

Arolé: saudação e uma das qualidades de Oxóssi.

Assobá: sacerdote encarregado da Casa de Omolu/Obaluaiê

Ataré: pimenta-da-costa.

Atori: árvore sagrada da qual são retiradas as varinhas com que se reconstitui a guerra de Ejigbó na festa de Oxaguiã.

Awó: segredo e mistério sagrado.

Axé: é a força vital e sagrada que está presente em todas as coisas que a natureza produz; grande fonte de poder que é mantida, ampliada e renovada por meio dos ritos produzidos nos Candomblés.

Axó: roupa.

Axogun-ogã: que possui a "mão de faca" e responde pela insolação dos animais oferecidos aos Orixás.

Axoxó: milho cozido com coco.

Aze: capuz de palha da costa usado por Obaluaiê.

Babá Kékéré: pai pequeno e auxiliar direto do babalorixá.

Babá: pai.

Babá-Egúngún: "Nosso Pai Ancestral"; corresponde à síntese de todos os ancestrais e é cultuado, principalmente nos Candomblés lésé-egián.

Babaewé: pai das folhas.

Babalaô: sacerdote que conhece o segredo dos oráculos; pai do segredo.

Babalorixá: sacerdote do Candomblé: pai (no culto de) orixá.

Babalosanyln: sacerdote consagrado a Ossaim e conhecedor das folhas.

Bára: exu pessoal.

Barracão: é o salão do templo em que são realizadas as grandes festas públicas e as obrigações mais importantes.

Batá: espécie de tambor; ritmo tocado para vários orixás.

Bori: oferenda à cabeça; ritual no qual é cultuado o ori, o princípio da individualidade, considerado por muitos sacerdotes corno a grande iniciação.

Brajá: colar de búzios, usado por todos os orixás de origem jeje.

Cauris: búzios.

Damatá: flecha que sempre fere; insígnia do orixá Oxóssi.

Dan: divindade jeje representada por uma serpente que morde o próprio rabo e forma um círculo.

Dara: agradável, bom e bonito.

Deburu: pipocas; comida consagrada a Oinolu.

Deká: conjunto de objetos e de materiais sagrados que os iniciados recebem na obrigação de sete anos.

Dudu: preto.

Ebô: milho branco cozido.

Ebó: oferenda.

Ebômi: irmão mais velho; todo iniciado que já completou o ciclo de sete anos de iniciação, com as devidas obrigações em dia.

Èérú-iyá: saudação a Iemanjá.

Egum: ancestral.

Egúngún: ancestral que volta à vida embaixo de uma grande máscara sob a qual dizem só há o espírito do falecido.

Eja: peixe.

Ejé: sangue.

Ejigbó: cidade da Nigéria que cultua Oxaguiã, seu antigo rei.

Ekó: vide acaçá.

Elebara: uma das qualidades de Exú..

Elemaxó: cargo ligado à casa de Oxalá; guardião dos segredos de Oxalá.

Emi: sopro da vida.

Emun: vinho de palma.

Enin: esteira.

Epó: azeite.

Epó-pupà: azeite de dendê.

Equédi: grande autoridade no Candomblé, que zela pelos sacerdotes e iniciados quando estão tomados pelo Orixá; não entram em transe.

Eran: carne.

Eran malu: carne de boi.

Eri yéyé ô: "Oh mãe benevolente"; saudação a Oxum.

Erinlé: uma das qualidades de Oxóssi.

Eruexin: instrumento de Iansã feito com rabo de cavalo com o qual se controla os eguns.

Ese: corpo; matéria.

Etun: galinha-d'angola.

Ewé: folha.

Ewé-fon: Completar

Ewó: proibição, regra, preceito; o mesmo que quizila.

Eyé: pássaro.

Eyelé: pombo.

Eyin: ovo: símbolo de gestação, fertilidade e força das mulheres consagradas a Oxum.

Funfun: branco.

Hamunha: um ritmo dedicado a praticamente todos os orixás.

á Quequerê: mãe pequena do templo, auxiliar direto do pai de santo, seu braço direito.

Ialaxé: mãe do axé: eventual substituta do babalorixá.

Ialorixá: sacerdotisa do Candomblé.

Iaô: adepto do Candomblé que ainda não completou os sete anos de iniciação.

Ibá: assentamento de Orixá; panela onde se guardam os objetos sagrados dos deuses e se faz o sacrifício.

Ibí: caracol comestível oferecido em sacrifício a Oxalá.

Ifé: a primeira cidade da Nigéria, berço da civilização iorubá e do restante do mundo.

Igui-opê: palmeira de que se extrai o vinho de palma e o azeite de dendê.

Ijexá: cidade de Oxum.

Ijoyé: aquele que exerce funções sacerdotais em um templo de Candomblé.

Ikodidê: Completar.

Ikú: a morte como entidade.

Ikú: Orixá que representa a morte.

Ila: quiabo.

Ilê: casa; em sentido mais amplo, a Terra.

Ilê Dará Axé Oxun Eyin: casa agradável cuja força é o "ovo" de Oxum, nome do templo comandado por Pai Cido de Oxum.

Imolé: deuses que antecederam aos orixás.

Inã: fogo que ilumina; luz.

Iorosum: pó amarelado usado no oráculo cie Ifá e em muitos outros rituais.

Iorubá: etnia predominante na região da Nigéria.

Ipeté: comida consagrada a Oxum.

Iroko: orixá da árvore de mesmo nome.

Itan: histórias sagradas.

Itun Alá: a casa do mistério; o lugar do renascimento.

Iyá: mãe.

Iyá Basé: mãe encarregada de cuidar da cozinha e preparar as comidas de santo.

Iyá Efun: mãe encarregada de fazer as pinturas rituais nos iaô nos dias subsequentes ao oró.

Iyá Tebexé: mãe encarregada de entoar os cânticos e as rezas aos orixás e mediadora do terreiro.

Iyálorisá: sacerdotisa; mãe no culto de orixá.

Iyá-Mi Oxorongá: ancestrais femininos cultuados coletivamente: é a representação do poder feminino expresso na possibilidade de gerar filhos.

Iyá-ori: mãe da cabeça, nome com que se saúda Iemanjá.

Iyó: sal.

Izô: fogo em estado natural, que representa perigo.

Jeje: etnia predominante no ex-Daomé; o mesmo que ewé-fon.

Kelê: colar ritual rente ao pescoço que todo iniciado usa nas obrigações, especialmente na feitura. É também o preceito a que se submete o noviço logo após a feitura.

Kêtu: a cidade de Oxóssi. No Brasil, nação do Candomblé em que predomina o rito iorubá.

Kosi: que nada sabe, sem conhecimento.

Kósi ewé, kósi orisà: "sem folha não há orixá"; provérbio nagô.

Lagidibà: colar símbolo de Omolú.

Larô: nome do antigo rei de Osogbo que fez uma aliança com a deusa e com o rio Oxum.

Idé: argola de latão ou cobre consagrada a Oxum.

Lé: o menor dos atabaques.

Lésè-egún: aquele que cultua os ancestrais.

Lésè-orisà: aquele que cultua os orixás.

Ikin: semente sagrada usada no oráculo do opelé-Ifá.

Iyabá: designação genérica dos orixás femininos; redução de iyá agbá (mãe antiga).

Malu: boi.

Mariô: folhas de dendezeiro recém-brotadas e desfiadas que enfeitam as portas do terreiro e vestem o orixá Ogum.

Merindilogun: número dezesseis; oráculo de dezesseis búzios.

Mojubá: saudação que quer dizer: Meus respeitos.

Nação Angola: variante do Candomblé em que prevalecem os ritos bantus.

Obá: rei; nome da terceira esposa de Xangô.

Obé: faca de sacrifícios.

Obi: noz de cola; fruto africano tão importante para o Candomblé quanto a hóstia para a Igreja católica.

Obirin: mulher.

Obó: órgão genital feminino.

Odá: lê-se odã; uma árvore sagrada.

Odara: bom, bonito, positivo uma das qualidades de Exu.

Odé: caçador; outro nome do orixá Oxóssi.

Odo: pilão.

Odó: rio.

Odu: caminho, destino.

Ofá: arco e flecha; insígnia de Oxóssi e outros orixás caçadores.

Ofó: palavras sagradas que despertam o poder.

Ogã: homem que não entra em transe, iniciado para tocar os atabaques, fazer sacrifícios ou cuidar dos assentamentos rituais dos orixás: grande autoridade dentro dos terreiros.

Ogó: bastão de forma fálica, símbolo de Fixo. Também o nome de um ritmo dedicado a Iansá.

Oiê: cargo; função sacerdotal ou título honorífico delegado a membros da comunidade ou amigos ilustres.

Ojá: pano de cabeça; laço.

Ojá: turbante.

Oju-orô: urna planta aquática.

Oké Ipori: origem divina; a essência do Orixá que cada pessoa guarda dentro de si.

Okó: órgão genitor masculino.

Okorin: homem.

Okun: oceano.

Okutá: pedra.

Olóèbè: dono da faca; um cargo outorgado entre os ogãs.

Olubajé: banquete dedicado a Obaluaiê.

Oluô: sacerdote que se dedica aos oráculos.

Omi: água.

Omi-torô: a água da canjica consagrada a Oxalá.

Omô: filho.

Omolocum: comida votiva de Oxum.

Omo-odu: subdivisão do odu.

Oni: senhor.

Opaxorô: cerro do mistério; insígnia de Oxalufã.

Opon-Ifá: tabuleiro que serve de base para o jogo de búzios ou sementes do oráculo.

Ori: cabeça; princípio da individualidade.

Orin: cantigas.

Oripepê: folha consagrada a vários orixás.

Oriqui: evocações aos orixás.

Oriri: folha consagrada a vários orixás.

Orixá: as divindades do Candomblé.

Orô: consagração, sacrifício, ritual.

Orobô: fruto africano consagrado a Xangô, utilizado também em alguns rituais específicos.

Orukó: nome sagrado.

Orum: o outro plano do universo; o mundo dos deuses.

Orunmilá: deus criador do oráculo de Ifá.

Osi: à esquerda.

Osogbó: cidade da Nigéria consagrada a Oxum.

Ossum: pó vermelho usado em diversos rituais do Candomblé.

Otin: bebida alcoólica ou uma das qualidades de Oxóssi.

Otun: à direita.

Owó: dinheiro, riqueza.

Oxibatá: uma planta aquática.

Oxorongá: um pássaro africano relacionado às feiticeiras.

Oxu: abertura pela qual o orixá penetra, cone colocado na cabeça dos noviços que representa essa passagem do orixá.

Pano da costa: tudo que as mulheres usam em torno do seio e abaixo do ombro.

Pejigan: ogã encarregado de cuidar dos assentamentos de orixá.

Pupá: vermelho.

Quelê: preceito cumprido pelo iaô após os rituais de iniciação; colar que simboliza esse preceito.

Quizila: proibição; azar.

Rumpi: o atabaque médio.

Run: o maior dos atabaques; em jeje também quer dizer vodun.

Rungebe: colar de senioridade recebido na obrigação de sete anos.

Runkó: palavra de origem jeje que corresponde ao quarto em que ficam recolhidos os iniciados para as obrigações; quarto de santo.

Sere-Teteregun: cana-do-brejo; folha consagrada a vários orixás.

Vassourinha-de-igreja: folha.

Vodun: divindades dos jeje; o mesmo que os orixás entre os nagôs.

Vodunsi: iniciados no jeje com os ritos completos; v. egbomin.

Xaxará: insígnia do orixá Omolu.

Xére: chocalho de metal que procura reproduzir o barulho de uma tempestade durante a roda de Xangô.

Xirê: festa; o momento do Candomblé em que os filhos-de-santo dançam em homenagem aos orixás.

BIBLIOGRAFIA

BENISTE, José. *Mitos Yorubas*. Rio de Janeiro, Bertrand Brasil, 2012.

BASTIDE, Roger. *As religiões africanas no Brasil*. 2º vol., São Paulo, Pioneira, 1973.

_____. *O Candomblé da Bahia: rito nagô*. São Paulo, Nacional, 1978.

_____. *Orun Ayé – O encontro de dois mundos*. Rio de Janeiro, Bertrand Brasil, 2012.

BARROS. José Flávio Pessoa de. NAPOLEÃO Eduardo. *Ewé Òrìsà*. Rio de Janeiro, Vertrand Brasil, 2007.

BRAGA, Júlio. *O jogo de búzios: um estudo de adivinhação no Candomblé*, São Paulo, Brasiliense, 1988.

CARNEIRO, Edson. *Candomblés da Bahia*. Rio de Janeiro, Civilização Brasileira, 1947.

COSSARD. Gisele Oindarewá. *Awô – O mistério dos Orixás*. 2ª edição, Rio de Janeiro, Pallas, 2006.

EYIN, Pai Cido de. *Orixás: o segredo da vida*. São Paulo, Motivo, s.d.

_____. *Orixás: o segredo da vida* (orixás da água), São Paulo, Motivo, s.d.

_____. *Acaçá, onde tudo começou*. São Paulo, Editora Arx, 2002.

_____. Eugênio. Rodnei William (organizador). Candomblé – A panela do segredo, São Paulo. Mandarim, 2001.

LODY, Raul. *Santo também Come*. Rio de Janeiro, Pallas, 1998.

OLIVEIRA, Altair B. *Cantando para os orixás, 23ª* edição, Rio de Janeiro, Palias, 1997.

OXALÁ, Adilson de. *Igbadu – A cabaça da Existência*. Rio de Janeiro, Pallas, 2010.

RISÉRIO, Antonio. *Oriki orixá*. São Paulo, Perspetiva, 2012.

VERGER, Pierre, *Lendas africanas dos orixás*. Salvador, Corrupio, 1985.

_____. *Orixás: deuses iorubás na África e no Novo Mundo, 5³* edição, Salvador, Corrupio, I 997.

_____. *Ewé: o uso das plantas na sociedade iorubá*. São Paulo, Cia. das Letras-Odebreht, 1995.

VOGEL, Amo, MELLO, Marco Antônio da Silva, BARROS, José Flávio Pessoa de. *Galinhad'Angola: iniciação e identidade na cultura afro-brasileira*. Rio de Janeiro, Pallas, 2012.

NAPOLEÃO, Eduardo e BARROS, José Flavio Pessoa de. *Ewe Orisá – Uso liturgico e terapêutico dos vegetais nas casas de Candomblé Jeje-Nagô*. Bertrand Brasiç. Rio de Janeiro – 1999.

Contatos com o autor: (11) 2143-3653
Facebook/pages/Pai-Cido

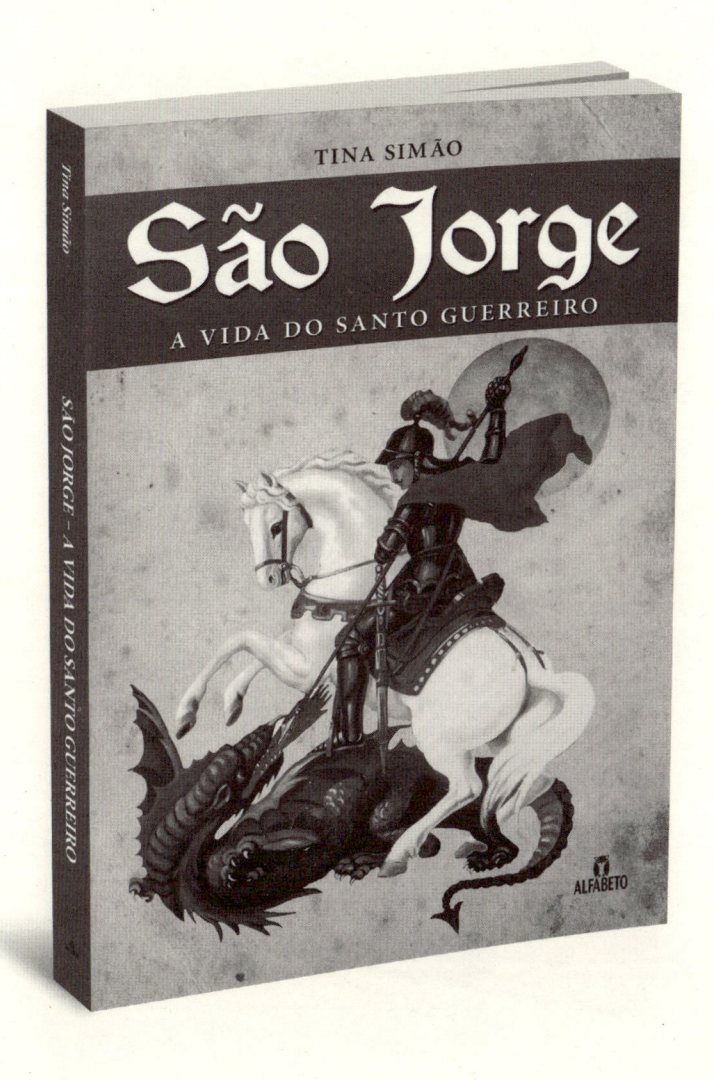

Outros livros da Editora Alfabeto

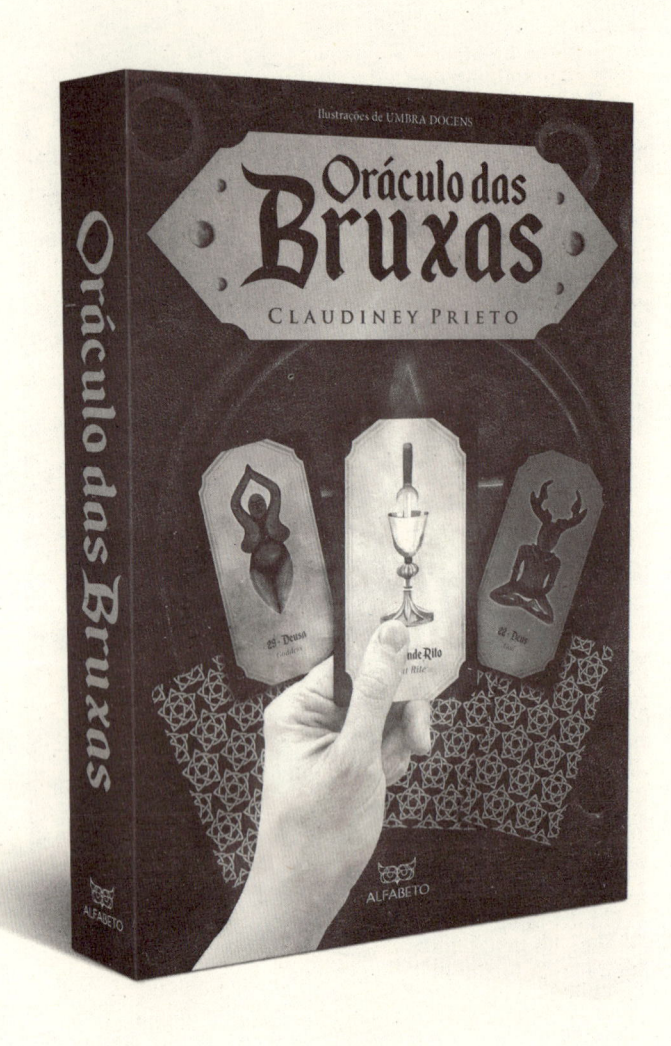

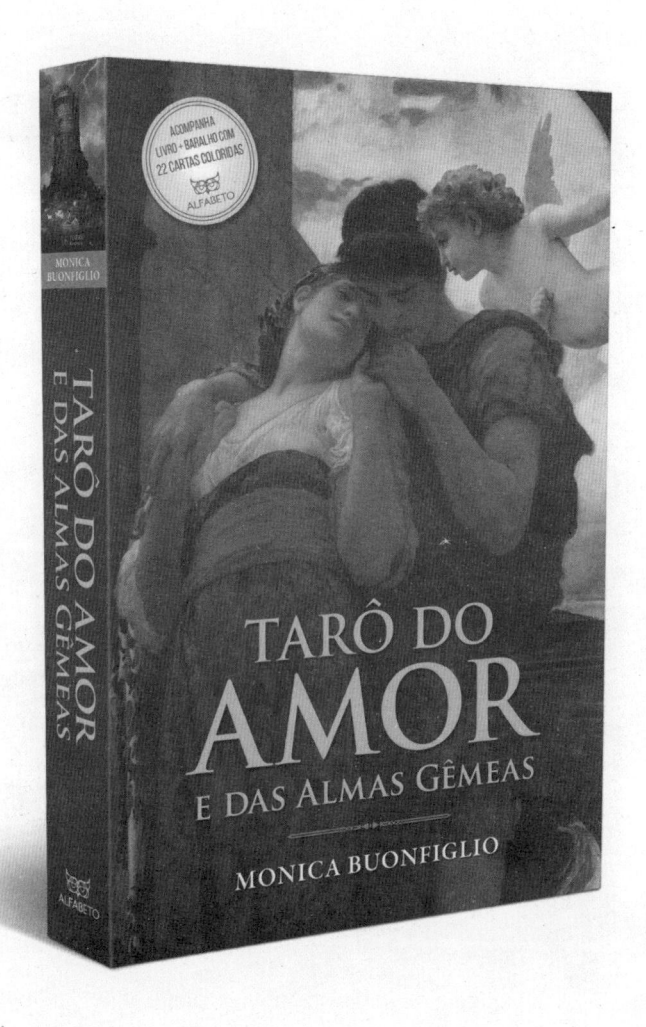

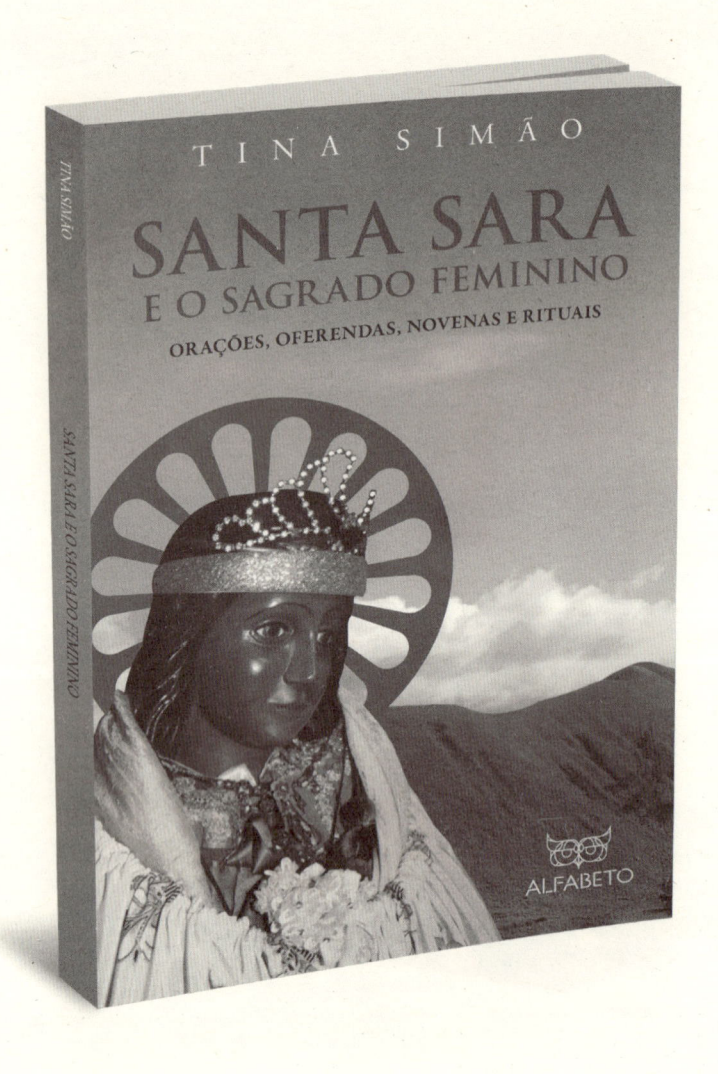